SELECTIONS FROM THE LATIN FATHERS

WITH COMMENTARY AND NOTES

EDITED BY

PETER E. HEBERT, C. S. C., Ph.D.

Wipf & Stock
PUBLISHERS
Eugene, Oregon

Wipf and Stock Publishers
199 W 8th Ave, Suite 3
Eugene, OR 97401

Selections from the Latin Fathers
With Commentary and Notes
By Hebert, Peter E.
Copyright©1924 by Hebert, Peter E.
ISBN 13: 978-1-5326-5244-8
Publication date 3/1/2018
Previously published by Ginn and Co., 1924

TO

FATHER SCHEIER

A MAN OF GOODLY GIFTS

PREFACE

Having been permitted to view, from a reverent distance, the growth of the little book which is here offered to college freshmen in Classics by a teacher who has their interests much at heart, I may perhaps be pardoned for appearing in this place to wish "From the Fathers" a good voyage. Those of us who feel that Latin speech and thought are vital things, not fragments of a dead world, believe there is much of peculiar interest for the present generation in the Christian Latin authors. They were both the inheritors of Roman culture and the spokesmen of the Cross. They had been made strong with the food of classic philosophy in order that they might foster the beginnings of a divine kingdom which is still our spiritual residence. What could be more desirable, therefore, than to acquaint young college men, who stand halfway between the classic world they study and the modern society in which they must live, with the writings of the Fathers? These have unction, practicality, and insight; they breathe both the energy and the serenity of a living faith. With such considerations in mind, Father Hebert has shaped his difficult task to meet the needs of college men. We hold that these must first of all be civilized—that is, they are to live civilly in society, with the aspirations and realities which have come to be the treasures of the soul.

GEORGE N. SHUSTER

CONTENTS

INTRODUCTION xiii

TERTULLIAN

TO THE MARTYRS

CHAPTER
I. COURAGE, BLESSED MEN; YE ARE IN PRISON THAT YE MAY CONQUER SATAN IN HIS OWN DOMAIN 3
II. YE ARE NOT FETTERED, BUT FREED 4
III. YOUR PRISON IS A TRAINING-CAMP FOR THE WARFARE OF GOD 6
IV. LET THE FLESH SERVE THE SPIRIT; CONSIDER PAGAN FORTITUDE 7
V. WE MUST SUFFER FOR TRUTH'S SAKE 9
VI. OUR CAUSE IS DIVINE 10

MINUCIUS FELIX

OCTAVIUS

I. THE HEAVENS PROCLAIM THE GLORY OF GOD 11
II. HIS DIVINE PROVIDENCE 12
III. THE DIVINE INTELLIGENCE 12
IV. THE DIVINE PRESENCE 13
V. GOLD IS TRIED BY FIRE 14
VI. OUR STRENGTH IS FROM ABOVE 15
VII. WE ARE DISTINGUISHED BY MERIT ALONE 16

SAINT CYPRIAN

ON DISCIPLINE

I. ITS IMPORTANCE 17
II. ITS UTILITY 17
III. ITS RULE 18

CONTENTS

CHAPTER	PAGE
IV. Our Model	19
V. Our Contest	20
VI. Our Metal	20
VII. Our Strength	21

LACTANTIUS

THE DIVINE INSTITUTES

I. The Return of Justice	22
II. The Test of Virtue	22
III. The Reason of Vice	23
IV. The Realm of Justice	23
V. Freedom of Truth	24
VI. Manner of defending Religion	25
VII. Sincerity of Religion	26
VIII. False and true Religion	26
IX. The Cause of Hatred	27
X. The Error of Unbelievers	28
XI. The Patience of Christians	29
XII. Contrasts	30
XIII. Why Evils befall the Good	31
XIV. From Evil cometh forth Good	32
XV. Divine Vengeance on the Torturers	33

TWO WAYS OF LIFE

I. Its onward Course	34
II. Parting of the Ways	35
III. Virtues and Vices	36
IV. The Way that leads to Hell	38
V. The Way that leads to God	38
VI. Temporal Advantages against Eternal	40
VII. The Wiles of Satan	41

THE FORMATION OF MAN

I. The Divine Plan in the Body of Man	42
II. The Eyes and Ears	43
III. Pupils of the Eyes	44

CONTENTS

CHAPTER	PAGE
IV. Parts of the Face	45
V. Pairs in the Body	46
VI. The Tongue	47
VII. The Teeth and Lips	47
VIII. The Chin, Neck, Shoulders, Arms, and Hands	48
IX. The Feet	49
X. The Voice	50

SAINT AMBROSE

THE HEXAEMERON

I. The Grass, an Image of the Flesh	51
II. The Transitoriness of Life	51
III. The Beauty of the Field	52
IV. The Origin of Trees	53
V. The Rose	54
VI. The Wonders of Water	54
VII. Its Uses	55
VIII. The Diversities of Water	55
IX. The Crab	56
X. Men are like Crabs	57
XI. The Whales of the Atlantic	57
XII. Salt, Corals, Pearls, etc.	58
XIII. Excellencies of the Sea	59
XIV. Piety of the Sea	60

PROOFS OF THE RESURRECTION

I. Three Proofs	60
II. Proof from Reason	60
III. Proof from Nature	61
IV. Doubt dispelled	61
V. Powers of the Earth	62
VI. Providence	62
VII. Folly of Man	63
VIII. Proof from Fact	64
IX. Lazarus is called	64
X. He comes forth	65

CONTENTS

CHAPTER	PAGE
XI. The Widow's Son	65
XII. The Divine Power	66
XIII. Time of the Resurrection	66

SAINT JEROME

LETTER TO HELIODORUS

I. Jerome's Love for Heliodorus	67
II. A Rebuke	68
III. A Warning	69
IV. The Standard of the Monk	69
V. The worldly Conflict	70
VI. The last Day	71

LETTER TO EUSTOCHIUM

I. Paula's Nobility	72
II. Her Merits	72
III. Her Self-denial and Devotedness	73
IV. Her Aversion to the World	73
V. She repairs to the Desert	74
VI. Paula's Illness	75
VII. Her Death	76
VIII. Her Funeral	77
IX. Her Glory	78
X. Her Daughter's Inheritance	78
XI. Jerome's Farewell	79

SAINT LEO THE GREAT

THE VIRTUE OF FASTING

I. Man, after the Image of God	80
II. Charity embraces all	81
III. God's Judgments are our Good	82
IV. A triple Observance	83

CONTENTS

EULOGY ON SAINTS PETER AND PAUL

CHAPTER	PAGE
I. Rome, Mistress of Error, becomes Disciple of Truth	85
II. Bound by Satan, she is freed by Christ	85
III. Why she is made the See of Peter	86
IV. The Fortitude and Charity of Peter and Paul	87
V. Peter's previous Labors	87
VI. Rome's Diadem	88
VII. Our Joy	89

SAINT BERNARD

THE VIRTUE OF HUMILITY

I. God resisteth the Proud, and giveth Grace to the Humble	90
II. Sit down in the Lowest Place	91
III. The Lily of the Valley	91
IV. The Modesty of Youth	92
V. A Lily among Thorns	93
VI. Three Regions of Souls	94
VII. Purgatory	95
VIII. Hell	95
IX. Heaven	96
X. Four Kinds of Men possessing the Kingdom of Heaven	97
XI. Star of the Sea	99

SAINT AUGUSTINE

CONFERENCE WITH HIS MOTHER

I. On the Kingdom of Heaven	101
II. Who is like unto God	101
III. He hath made us who abideth forever	102
IV. Monica's Prayer	102
V. Her Ecstasy and Death	103
VI. Her desire to be buried near her Husband	103
VII. Her Fortitude	104
VIII. Augustine mourns his deceased Mother	104

CONTENTS

CHAPTER	PAGE
IX. Ties Sundered	105
X. His double Grief	105
XI. His Sorrow mitigated	106
XII. He weeps in Secret	107
XIII. The Justice and Mercy of God	107
XIV. He prays for his Mother	108
XV. How she was bound to Christ	109
XVI. He asks all a pious Remembrance	109

APOSTROPHE TO THE CHURCH

I. Her Teaching	110
II. Her Training	111
III. Her Power	112
IV. Her Contemplatives	112
V. Her Nuns	113
VI. Her Clergy	113
VII. Her Communities	114
VIII. Her Enemies	115

OUR GOD

I. His Worship	115
II. His Benefits	115
III. His ineffable Gift	117
IV. The Cardinal Virtues	117
V. Temptations	118
VI. Companionship	118
VII. Our Hope	119
VIII. Our Crown	120
NOTES	123

INTRODUCTION

This little book has no purpose other than the placing in the hands of college men a bit of text from the Latin Fathers. Thus far no suitable class book of the kind has appeared. In the last year or two magazines on the Classics have devoted considerable space to attempting a revival of interest in the early Christian writers, and the work on the Greek and Latin Fathers now in progress at Louvain, the Catholic University of America, and elsewhere, is assurance that study in patristic literature is destined soon to become part of the curricula of the schools.

The present work is emphatically not meant to supplant the ancient Classics, whose treasures are the glory of the course in arts and letters, but merely to supplement and enrich the studies of the youth aspiring to the classical degree. The selections offered have been made with the twofold purpose of presenting, primarily, typical specimens of important authors and the periods they represent, and of furnishing, incidentally, such subject-matter as may prove helpful in developing what we understand to be the American college man.

The text has been taken from Migne's *Patrologia Latina*. In preparing the notes the author has waived all textual criticism as being outside the sphere of Freshman work. In the case of variant readings the effort has been to choose the one that has seemed most conformable to the context. The punctuation has been freely altered.

INTRODUCTION

In order to present a free and unencumbered text, the references to Scriptural quotations have been transferred to the notes. These will be eagerly looked up, as they promise decisive aid in the preparation of the assignment. Since Vergil is the author from whom the students come to this little work, not a few references to him will be found, and the verification of these should encourage a lasting companionship with the "wielder of the stateliest measure ever moulded by the lips of man." Partiality, it will be observed, is shown to Horace also, in the hope of stimulating an appetite for the offerings of the "Muses' priest," who is taken up in the Sophomore year to sing *virginibus puerisque* songs not heard before.

From a conviction, born of experience, that references to grammars are useless to boys, such references have been omitted, excepting a few scattered instances in which they were thought necessary to clarify the text.

The occasional departure from the usual laws of syntax found in the Christian writers will be readily perceived by the alert teacher, and stress should be laid on differences and similarities of style not only among the Fathers themselves, but also between them and the authors usually read in the four years of high school. This comparison is a factor not only beneficial intellectually but creative of interest in any class.

No vocabulary is appended to the volume. It is an established canon that the dictionary is the companion book of texts prepared for college men, and the editor who makes the student feel that he can do without it does him a positive injury. The words in the text that cannot be found in the ordinary abridged Latin dictionary are

INTRODUCTION

explained in the notes, with commentary sufficient for their proper understanding. It has been thought well that accounts of the historical persons and of the myths to which the text alludes should likewise be sought elsewhere by the students themselves. Directive references to all these, however, have been given. The biographical sketches in the notes have been made brief, their aim being merely to give the student some idea of the life, influence, and style of the writer he is studying. More comprehensive lives of each should be consulted.

Observation of the Fathers' thorough grounding in classical lore should furnish to the Christian student one of the strongest reasons why he should study the pagan Classics. "Jerome, skilled in the treasures of the three languages of Scripture, Ambrose, Augustine, and, still more, Gregory, would certainly have contributed little to the doctrines of the Church, if they had borrowed nothing from the more learned Greeks; watered by whose rivulets, Rome, as she first generated philosophers after the image of the Greeks, so afterwards in like form she brought forth *Tractatores* of the orthodox faith."—De Bury, *Philobiblon*, chap. x.

The author is indebted to the Reverend John B. Scheier, C.S.C., and the Reverend Walter J. O'Donnell, C.S.C., who have read the manuscript and made valuable corrections and suggestions.

P. E. H.

Notre Dame, Indiana

'Tis a secret spot made for retirement, and the vines, whose gadding and vagrant shoots form festoons among the canes which support them, have framed for us a portico of tendrils with a roof of leaves. Fitly here shall we tell the tales of wisdom; and while we refresh the eye with a delightful gaze upon the trees and vines, the mind will be gathering at once instruction from what is said, and refreshment from what is seen; though you indeed have neither pleasure nor purpose now in anything but conversation.

St. Cyprian, *Ad Donatum*, I, 12

SELECTIONS FROM THE
LATIN FATHERS

SELECTIONS FROM THE LATIN FATHERS

TERTULLIAN

TO THE MARTYRS

I. Inter carnis alimenta, benedicti martyres designati, quae vobis et domina mater Ecclesia de uberibus suis et singuli fratres de opibus suis propriis in carcerem subministrant, capite aliquid et a nobis quod faciat ad spiritum quoque educandum. Carnem enim saginari et spiritum esurire non prodest. Immo si quod infirmum est curatur, aeque quod infirmius est neglegi non debet. Nec tantus ego sum ut vos alloquar; verumtamen et gladiatores perfectissimos non tantum magistri et praepositi sui, sed etiam idiotae et supervacue quique adhortantur de longinquo, ut saepe de ipso populo dictata suggesta profuerint. Imprimis ergo, benedicti, nolite contristare Spiritum Sanctum, qui vobiscum introiit carcerem. Si enim non vobiscum nunc introisset, nec vos illic hodie fuissetis. Et ideo date operam ut illic vobiscum perseveret; et ita vos inde perducat ad Dominum. Domus quidem diaboli est et carcer, in qua familiam suam continet.

Courage, blessed Men; ye are in Prison that ye may conquer Satan in his own Domain

20 Sed vos ideo in carcerem pervenistis, ut illum etiam in domo sua conculcetis; iam enim foris congressi conculcaveratis. Non ergo dicat, "In meo sunt, tentabo illos vilibus scidiis, defectionibus, aut inter se dissensionibus." Fugiat conspectum vestrum, et in
25 ima sua delitescat contractus et torpens, tamquam coluber excantatus aut effumigatus. Nec illi tam bene sit in suo regno ut vos committat, sed inveniat munitos et concordia armatos; quia pax vestra bellum est illi. Quam pacem quidam in Ecclesia non habentes a
30 martyribus in carcere exorare consueverunt. Et ideo eam propterea in vobis habere et fovere et custodire debetis, ut si forte et aliis praestare possitis.

II. Cetera aeque animi impedimenta usque ad limen carceris deduxerint vos, quousque et parentes vestri.

Ye are not fettered, but freed   Exinde segregati estis ab ipso mundo, quanto magis a saeculo, rebusque eius? Nec hoc vos consternet, quod segregati estis a mundo. Si enim recogitemus ipsum magis mundum carcerem esse, exisse vos e carcere, quam in carcerem introisse, intellegemus. Maiores tenebras habet mundus, quae hominum praecordia excaecant.
10 Graviores catenas induit mundus, quae ipsas animas hominum constringunt. Peiores immunditias exspirat mundus, libidines hominum. Plures postremo mundus reos continet, scilicet universum hominum genus. Iudicia denique non proconsulis, sed Dei sustinet.
15 Quo vos, benedicti, de carcere in custodiarium, si forte, translatos existimetis. Habet tenebras, sed lumen es-

tis ipsi; habet vincula, sed vos soluti Deo estis. Triste
illic exspirat, sed vos odor estis suavitatis. Iudex ex-
spectatur, sed vos estis de iudicibus ipsis iudicaturi.
Contristetur illi, qui fructum saeculi suspirat. Christianus etiam extra carcerem saeculo renuntiavit, in
carcere autem etiam carceri. Nihil interest, ubi sitis
in saeculo, qui extra saeculum estis. Et si aliqua
amisisti vitae gaudia, negotiatio est aliquid amittere,
ut maiora lucreris. Nihil adhuc dico de praemio ad
quod Deus martyres invitat. Ipsam interim conversationem saeculi et carceris comparemus, si non plus
in carcere spiritus acquirit quam caro amittit. Immo
et quae iusta sunt caro non amittit per curam Ecclesiae
et agapen fratrum; et insuper quae semper utilia fidei
spiritus adipiscitur. Non vides alienos deos, non ima-
ginibus eorum incurris, non sollemnes nationum dies
ipsa commixtione participas, non nidoribus spurcis
verberaris, non clamoribus spectaculorum, atrocitate,
vel furore, vel impudicitia celebrantium caederis; non
in loca libidinum publicarum oculi tui impingunt;
vacas a scandalis, a tentationibus, a recordationibus
malis, iam et a persecutione. Hoc praestat carcer
Christiano, quod eremus prophetis. Ipse Dominus in
secessu frequentius agebat, ut liberius oraret, ut saeculo
cederet. Gloriam denique suam discipulis in solitudine
demonstravit. Auferamus carceris nomen, secessum
vocemus. Etsi corpus includitur, etsi caro detinetur,
omnia spiritui patent. Vagare spiritu, spatiare spiritu,
et non stadia opaca aut porticus longas praeponens
tibi, sed illam viam quae ad Deum ducit. Quotiens

eam spiritu deambulaveris, totiens in carcere non eris.
Nihil crus sentit in nervo cum animus in caelo est.
Totum hominem animus circumfert, et quo velit trans-
50 fert. Ubi autem erit cor tuum, illic erit et thesaurus
tuus. Ibi ergo sit cor nostrum, ubi volumus habere
thesaurum.

III. Sit nunc, benedicti, carcer etiam Christianis
molestus? Vocati sumus ad militiam Dei vivi iam tunc
cum in sacramenti verba respondimus.
Nemo miles ad bellum cum deliciis venit,
nec de cubiculo ad aciem procedit, sed de
papilionibus expeditis et substrictis, ubi
omnis duritia et imbonitas et insuavitas constitit. Etiam in pace, labore, et incommodis bellum pati iam
ediscunt, in armis deambulando, campum decurrendo,
10 fossam moliendo, testudinem densando. Sudore omnia
constant, ne corpora atque animi expavescant de umbra ad solem, ex sole ad caelum, de tunica ad loricam,
de silentio ad clamorem, de quiete ad tumultum. Proinde vos, benedicti, quodcumque hoc durum est, ad
15 exercitationem virtutum animi et corporis deputate.
Bonum agonem subituri estis in quo agonothetes Deus
vivus est; xystarches Spiritus Sanctus, corona aeternitatis; brabium angelicae substantiae, politia in caelis,
gloria in saecula saeculorum. Itaque epistates vester
20 Christus Iesus, qui vos Spiritu unxit, et ad hoc scamma
produxit, voluit vos ante diem agonis ad duriorem
tractationem a liberiore condicione seponere, ut vires
corroborarentur in vobis. Nempe enim et athletae

Your Prison is a Training-camp for the Warfare of God

segregantur ad strictiorem disciplinam, ut robori
aedificando vacent. Continentur a luxuria, a cibis lae- 25
tioribus, a potu iucundiore. Coguntur, cruciantur,
fatigantur; quanto plus in exercitationibus laborave-
rint, tanto plus de victoria sperant. "Et illi," inquit
Apostolus, "ut coronam corruptibilem consequantur,"
nos aeternam consecuturi. Carcerem nobis pro palae- 30
stra interpretemur, ut ad stadium tribunalis bene exercitati incommodis omnibus producamur; quia virtus
duritia exstruitur, mollitia vero destruitur.

IV. Scimus ex Dominico praecepto quod caro in-
firma sit, spiritus promptus. Non ergo nobis blandia-

Let the Flesh serve the Spirit; consider pagan Fortitude

mur, quia Dominus consensit carnem
infirmam esse. Propterea enim praedixit
spiritum promptum, ut ostenderet quid cui 5
debeat esse subiectum, scilicet, ut caro ser-
viat spiritui, infirmior fortiori, ut ab eo etiam ipsa fortitudinem assumat. Colloquatur spiritus cum carne de
communi salute, nec iam de incommodis carceris, sed
de ipso agone et proelio cogitans. Timebit forsitan 10
caro gladium gravem, et crucem excelsam, et rabiem
bestiarum, et summam ignium poenam, et omne carnificis ingenium in tormentis. Sed spiritus contraponat
sibi et carni, acerba licet ista, a multis tamen aequo animo excepta, immo et ultro appetita, famae et gloriae 15
causa; nec a viris tantum, sed etiam a feminis, ut vos
quoque, benedictae, sexui vestro respondeatis. Longum
est si enumerem singulos qui se gladio confecerint, animo suo ducti. De feminis ad manum est Lucretia, quae

20 vim stupri passa, cultrum sibi adegit in conspectu propinquorum, ut gloriam castitati suae pareret. Mucius dexteram suam in ara cremavit, ut hoc factum eius fama haberet. Minus fecerunt philosophi: Heraclitus, qui se exussit; item Empedocles, qui in ignes Aetnaei montis
25 desiluit; et Peregrinus, qui non olim se rogo immisit; cum feminae quoque contempserint ignes: Dido, ne post virum dilectissimum nubere cogeretur; item Asdrubalis uxor, quae iam ardente Carthagine cum maritum suum supplicem Scipionis videret, cum filiis suis in in-
30 cendium patriae devolavit. Regulus, dux Romanorum, captus a Carthaginiensibus, cum se unum pro multis captivis Carthaginiensibus compensari noluisset, maluit hostibus reddi et in arcae genus stipatus undique extrinsecus clavis transfixus, tot cruces sensit. Bestias femina
35 libens appetiit, et utique aspides, serpentes tauro vel urso horridiores, quas Cleopatra immisit sibi, ne in manus inimici perveniret. Sed mortis metus non tantus est, quantus tormentorum. Itaque cessit carnifici meretrix Atheniensis, quae conscia coniurationis, cum
40 propterea torqueretur a tyranno et non prodidit coniuratos et novissime linguam suam comestam in faciem tyranni exspuit, ut nihil agere se scirent tormenta, etsi ultra perseverarent. Nam quae hodie apud Lacedaemonas sollemnitas maxima est, διαμαστίγωσις, id est,
45 flagellatio, non latet. In quo sacro ante aram nobiles quique adulescentes flagellis affliguntur, astantibus parentibus et propinquis, et uti perseverent adhortantibus. Ornamentum enim et gloria deputabitur maiore quidem titulo si anima potius cesserit plagis quam

corpus. Igitur si tantum terrenae gloriae licet de cor- 50
poris et animi vigore, ut gladium, ignem, crucem,
bestias, tormenta contemnant sub praemio laudis
humanae, possum dicere, modicae sunt istae passiones
ad consecutionem gloriae caelestis et divinae mercedis.
Si tanti vitreum, quanti margaritum? Quis ergo non 55
libentissime tantum pro vero habeat erogare quantum
alii pro falso?

V. Omitto nunc gloriae causam. Eadem omnia sae-
vitiae et cruciatus certamina, iam apud homines affectatio quoque et morbus quidam animi
conculcavit. Quot otiosos affectatio armo-
rum ad gladium locat! Certe ad feras 5
ipsas affectatione descendunt, et de morsi-
bus et de cicatricibus formosiores sibi videntur. Iam
et ad ignes quidam se auctoraverunt, ut certum
spatium in tunica ardente conficerent. Alii inter vena-
torum taureas scapulis patientissimis inambulaverunt. 10
Haec, benedicti, non sine causa Dominus in saeculum
admisit; sed ad nos et nunc exhortandos, et in illo die
confundendos, si reformidaverimus pati pro Veritate
in salutem, quae alii affectaverunt pro vanitate in
perditionem. 15

We must suffer for Truth's sake

VI. Sed haec exempla constantiae omittamus de
affectatione venientis. Convertamur ad ipsam condicionis humanae contemplationem, ut et illa nos instru-
ant, si qua constanter adeunda sint, quae et invitis
evenire consueverunt. Quotiens enim incendia vivos 5

cremaverunt! Quotiens ferae et in silvis suis et in mediis civitatibus elapsae caveis homines devoraverunt! Quot a latronibus ferro, ab hostibus etiam cruce exstincti sunt, torti prius, immo et omni contumelia expuncti! Nemo non etiam hominis causa pati potest quod in causa Dei pati dubitat. Ad hoc quidem vel praesentia nobis tempora documenta sint, quantae qualesque personae inopinatos natalibus et dignitatibus et corporibus et
15 aetatibus suis exitus referunt hominis causa; aut ab ipso, si contra eum fecerint, aut ab adversariis eius, si pro eo steterint.

Our Cause is divine

MINUCIUS FELIX

OCTAVIUS

I. Quid potest esse tam apertum, tam confessum tamque perspicuum, cum oculos in caelum sustuleris et quae sunt infra circaque lustraveris, quam esse aliquod numen praestantissimae mentis, quo omnis natura inspiretur, move- atur, alatur, gubernetur? Caelum ipsum vide: quam late tenditur, quam rapide volvitur, vel quod in noctem astris distinguitur, vel quod in diem sole lustratur! Iam scies quam sit in eo Summi Mode- ratoris mira et divina libratio. Vide et annum, ut solis ambitus faciat, et mensem vide, ut luna auctu, senio, labore circumagat. Quid tenebrarum et luminis dicam recursantes vices, ut sit nobis operis et quietis alterna reparatio? Relinquenda vero astrologis pro- lixior de sideribus oratio; vel quod regant cursum navigandi, vel quod arandi metendique tempus indu- cant. Quae singula non modo ut crearentur, fierent, disponerentur, summi opificis et perfectae rationis egu- erunt, verum etiam sentiri, perspici, intellegi sine summa sollertia et ratione non possunt.

The Heavens proclaim the Glory of God

II. Quid! Cum ordo temporum ac frugum stabili varietate distinguitur, nonne auctorem suum parentem-

que testatur, ver aeque cum suis floribus et aestas cum
suis messibus et autumni maturitas grata et hiberna
olivitas necessaria? Qui ordo facile turba-
retur, nisi maxima ratione consisteret. Iam
providentiae quantae, ne hiems sola glacie
ureret aut sola aestas ardore torreret, autumni et
veris inserere medium temperamentum, ut per ves-
10 tigia sua anni revertentis occulti et innoxii transitus
laberentur! Mari intende: lege litoris stringitur.
Quicquid arborum est vide: quam e terrae visceribus
animatur! Aspice oceanum: refluit reciprocis aestibus.
Vide fontes: manant venis perennibus. Fluvios in-
15 tuere: eunt semper exercitis lapsibus. Quid loquar
apte disposita recta montium, collium flexa, porrecta
camporum? Quidve animantium loquar adversus sese
tutelam multiformem, alias armatas cornibus, alias
dentibus saeptas et fundatas ungulis et spicatas acu-
20 leis aut pedum celeritate liberas aut elatione pinna-
rum? Ipsa praecipue formae nostrae pulchritudo
Deum fatetur artificem: status rigidus, vultus erectus,
oculi in summo velut in specula constituti et omnes
ceteri sensus velut in arce compositi.

His Divine Providence

III. Longum est ire per singula. Nihil in homine
membrorum est quod non et necessitatis causa sit et
decoris, et quod magis mirum est, eadem
figura omnibus, sed quaedam unicuique
liniamenta deflexa: sic et similes universi
videmur et inter se singuli dissimiles invenimur. Nec
universitati solummodo Deus, sed et partibus consulit.

The Divine Intelligence

Britannia sole deficitur, sed circumfluentis maris tepore recreatur. Aegypti siccitatem temperare Nilus amnis solet; Euphrates Mesopotamiam pro imbribus pensat; Indus flumen et serere orientem dicitur et rigare. Quod si ingressus aliquam domum omnia exculta, disposita, ornata vidisses, utique praeesse ei crederes dominum et illis bonis rebus multo esse meliorem. Ita in hac mundi domo, cum caelo terraque perspicias providentiam, ordinem, legem, crede esse universitatis dominum parentemque ipsis sideribus et totius mundi partibus pulchriorem.

IV. At enim quem colimus Deum, nec ostendimus nec videmus. Immo ex hoc Deum credimus, quod eum sentire possumus, videre non possumus. In operibus enim eius et in mundi omnibus motibus virtutem eius semper praesentem aspicimus, cum tonat, fulgurat, fulminat, cum serenat. Nec mireris, si Deum non vides: vento et flatibus omnia impelluntur, vibrantur, agitantur, et sub oculis tamen non venit ventus et flatus. In solem adeo, qui videndi omnibus causa est, videre non possumus: radiis acies submovetur, obtutus intuentis hebetatur, et, si diutius inspicias, omnis visus exstinguitur. Quid? Ipsum solis Artificem, illum luminis fontem possis sustinere, cum te ab eius fulgoribus avertas, a fulminibus abscondas? Deum oculis carnalibus vis videre, cum ipsam animam tuam, qua vivificaris et loqueris, nec aspicere possis nec tenere? Sed enim Deus actum hominis ignorat et in caelo constitutus non potest aut

omnes obire aut singulos nosse. Erras, O homo, et
20 falleris. Unde enim Deus longe est, cum omnia caelestia terrenaque, et quae extra istam orbis provinciam
sunt, Deo plena sint? Ubique non tantum nobis proximus, sed infusus est. In solem adeo rursus intende:
caelo affixus, sed terris omnibus sparsus est; pariter
25 praesens ubique interest et miscetur omnibus, numquam eius claritudo violatur. Quanto magis Deus auc-
tor omnium ac speculator omnium, a quo nullum
potest esse secretum, tenebris interest, interest cogitationibus nostris, quasi alteris tenebris! Non tantum
30 sub illo agimus, sed et cum illo, ut prope dixerim,
vivimus.

V. Ceterum quod plerique pauperes dicimur, non
est infamia nostra, sed gloria; animus enim ut luxu
solvitur, ita frugalitate firmatur. Et tamen
Gold is tried by Fire quis potest pauper esse qui non eget, qui
non inhiat alieno, qui Deo dives est?
Magis pauper ille est, qui, cum multa habeat, plura
desiderat. Dicam tamen quemadmodum sentio: nemo
tam pauper potest esse quam natus est. Aves sine
patrimonio vivunt et in diem pecua pascuntur; et haec
10 nobis tamen nata sunt, quae omnia, si non concupisci-
mus, possidemus. Igitur ut qui viam terit eo felicior
quo levior incedit, ita beatior in hoc itinere vivendi qui
paupertate se sublevat non sub divitiarum onere suspirat. Et tamen facultates, si utiles putaremus, a Deo
15 posceremus; utique indulgere posset aliquantum cuius
est totum. Sed nos contemnere malumus opes quam

continere, innocentiam magis cupimus, magis patientiam flagitamus, malumus nos bonos esse quam prodigos. Et quod corporis humana vitia sentimus et patimur non est poena, militia est. Fortitudo enim infirmitatibus roboratur, et calamitas saepius disciplina virtutis est. Vires denique et mentis et corporis sine laboris exercitatione torpescunt. Omnes adeo vestri viri fortes, quos in exemplum praedicatis, aerumnis suis incliti floruerunt. Itaque et nobis Deus nec non potest subvenire nec despicit, cum sit et omnium rector et amator suorum; sed in adversis unumquemque explorat et examinat, ingenium singulorum periculis pensitat, usque ad extremam mortem voluntatem hominis sciscitatur, nihil sibi posse perire securus. Itaque ut aurum ignibus, sic nos discriminibus arguimur.

VI. Quam pulchrum spectaculum Deo cum Christianus cum dolore congreditur, cum adversum minas et supplicia et tormenta componitur, cum strepitum mortis et horrorem carnificis irridens inculcat, cum libertatem suam adversus reges et principes erigit, soli Deo, cuius est, cedit, cum triumphator et victor ipsi qui adversum se sententiam dixit insultat! Vicit enim qui, quod contendit, obtinuit. Quis non miles sub oculis imperatoris audacius periculum provocet? Nemo enim praemium percipit ante experimentum. Et imperator tamen quod non habet non dat; non potest propagare vitam, potest honestare militiam. At enim Dei miles nec in dolore deseritur nec morte finitur. Sic Christianus miser vi-

15 deri potest, non potest inveniri. Vos ipsi calamitosos
viros fertis ad caelum, ut Mucium Scaevolam, qui, cum
errasset in regem, perisset in hostibus, nisi dexteram
perdidisset. Et quot ex nostris, non dextram solum,
sed totum corpus uri, cremari sine ullis eiulatibus per-
20 tulerunt, cum dimitti praesertim haberent in sua potestate! Viros cum Mucio vel cum Aquilio aut Regulo
comparo? Pueri et mulierculae nostrae cruces et
tormenta, feras et omnes suppliciorum terriculas inspirata patientia doloris illudunt. Nec intellegitis, O
25 miseri, neminem esse qui aut sine ratione velit poenam
subire aut tormenta sine Deo possit sustinere.

VII. Nisi forte vos decipit quod Deum nescientes
divitiis affluant, honoribus floreant, polleant potesta-
tibus. Miseri! In hoc altius tolluntur ut
decidant altius. Hi enim ut victimae ad

We are distinguished by Merit alone

supplicium saginantur, ut hostiae ad poenam coronantur. Absque enim notitia Dei
quae potest esse solida felicitas? Cum mors sit, somnio
similis, antequam tenetur, elabitur. Rex es? Sed tam
times quam timeris, et quamlibet sis multo comitatu
10 stipatus, ad periculum tamen solus es. Dives es? Sed
fortunae male creditur, et magno viatico breve vitae
iter non instruitur, sed oneratur. Fascibus et purpuris
gloriaris? Vanus error hominis et inanis cultus dig-
nitatis, fulgere purpura, mente sordescere. Nobilitate
15 generosus es? Parentes tuos laudas? Omnes tamen
pari sorte nascimur, sola virtute distinguimur.

SAINT CYPRIAN

ON DISCIPLINE

I. Disciplina, custos spei, retinaculum fidei, dux itineris salutaris, fomes ac nutrimentum bonae indolis, <small>Its Importance</small> magistra virtutis, facit in Christo manere semper ac iugiter Deo vivere et ad promissa caelestia et ad divina praemia pervenire. Hanc et 5 sectari salubre est, et aversari ac neglegere letale. In Psalmis loquitur Spiritus Sanctus, "Continete disciplinam, ne forte irascatur Dominus, et pereatis de via iusta, cum exarserit cito ira eius super vos." Et denuo legimus, "Disciplinam qui abicit infelix est." Et de 10 Salomone mandata Sapientiae monentis accepimus: "Fili, ne neglexeris disciplinam Domini, nec defeceris ab eo correptus; quem enim diligit Deus corripit." Si autem Deus quem diligit corripit, et ad hoc corripit ut emendet, fratres quoque, et maxime sacerdotes, non 15 oderunt sed diligunt eos quos corripiunt ut emendent; quando et Deus per Hieremiam ante praedixerit et tempora nostra significaverit dicens, "Et dabo vobis pastores secundum cor meum, et pascent vos pascentes cum disciplina." 20

II. Quod si in Scripturis sanctis frequenter et ubique disciplina praecipitur, et fundamentum omne re-

ligionis ac fidei de observatione ac timore proficisci-
tur, quid cupidius appetere, quid magis velle ac tenere
nos convenit, quam ut, radicibus fortius
fixis, et domiciliis nostris super petram robusta mole solidatis, inconcussi ad procellas et turbines
saeculi stemus, ut ad Dei munera per divina praecepta
veniamus? Considerantes pariter ac scientes quod tem-
10 pla Dei sint membra nostra, ab omni faece contagionis
antiquae lavacri vitalis sanctificatione purgata, nec vio-
lari ea aut pollui fas sit, quando qui violat et ipse viole-
tur. Eorum nos templorum cultores et antistites sumus.
Serviamus illi cuius esse iam coepimus. Paulus in Epis-
15 tulis suis dicit quibus nos ad curricula vivendi per divina
magisteria formavit: "Non estis vestri; empti enim estis pretio magno; glorificate et portate Deum in corpore
vestro." Glorificemus et portemus Deum puro et mundo
corpore et observatione meliore; et qui per sanguinem
20 Christi redempti sumus, per omnia servitutis obsequia
Redemptoris imperio pareamus, demusque operam ne
quid immundum et profanum templo Dei inferatur, ne
offensus sedem quam inhabitat derelinquat.

III. Sospitantis Domini verba sunt et docentis,
curantis pariter et monentis: "Ecce, sanus factus es,
iam noli peccare, ne quid tibi deterius fiat."
Dat vivendi tenorem, dat innocentiae le-
5 gem postquam contulit sanitatem; nec habenis liberis
et solutis vagari postmodum patitur, sed ipsis potius
quibus sanatus fuerat mancipato gravius comminatur,
quod sit scilicet minor culpa deliquisse ante cum nec-

Its Utility (margin, left of lines 3–4)

Its Rule (margin, left of lines 3–4 of section III)

dum nosses disciplinam Dei; nulla sit venia ultra delinquere postquam Deum nosse coepisti. Et quidem hoc tam viri quam mulieres, tam pueri quam puellae, sexus omnis atque omnis aetas observet et curet, pro religione et fide quam Deo debet, ne quod sanctum et purum de Domini dignatione percipitur, minus sollicito timore teneatur.

IV. Ceterum, quaecumque terrena sunt in saeculo accepta et hic cum saeculo remansura, tam contemni debent quam mundus ipse contemnitur, cuius pompis et deliciis iam tunc renuntiavimus cum meliore transgressu ad Deum venimus. Ioannes nos excitat et hortatur spiritali et caelesti voce contestans: "Nolite," ait, "diligere mundum aut ea quae in mundo sunt. Si quis dilexerit mundum, non est caritas Patris in illo. Quoniam omne quod in mundo est concupiscentia carnis est, et concupiscentia oculorum, et ambitio saeculi, quae non est a Patre, sed ex concupiscentia saeculi. Et mundus transibit, et concupiscentia eius. Qui autem fecerit voluntatem Dei, manet in aeternum." Aeterna igitur et divina sectanda sunt, et omnia de Dei voluntate facienda sunt, ut Domini nostri vestigia et magisteria divina sectemur, qui monuit et dixit, "Non descendi de caelo ut faciam voluntatem meam, sed voluntatem eius qui me misit." Quod si non est maior domino suo servus et liberatori debet obsequium liberatus, qui esse cupimus Christiani, debemus quod Christus dixit et fecit imitari. Scriptum est, et legitur et auditur et in exemplum nostri Ecclesiae ore celebratur,

Our Model

"Qui dicit se in Christo manere debet quomodo ille ambulavit et ipse ambulare." Ambulandum est igitur
25 vestigiis paribus, aemula ingressione nitendum est. Tunc respondet ad fidem nominis sectatio veritatis, et credenti praemium datur, si quod creditur et geratur.

V. Ceterum, quid aliud in mundo quam pugna adversus diabolum cotidie geritur, quam adversus iacula eius et tela conflictationibus assiduis dimicatur? Ad omnia paratos facere timor
5 Dei et fides debet. Cum avaritia nobis, cum impudicitia, cum ira, cum ambitione congressio est; cum carnalibus vitiis, cum illecebris saecularibus assidua et molesta luctatio est. Obsessa mens hominis et undique diaboli infestatione vallata vix occurrit singulis, vix resistit. Si
10 avaritia prostrata est, exsurgit libido. Si libido compressa est, succedit ambitio. Si ambitio contempta est, ira exasperat, inflat superbia, vinolentia invitat, invidia concordiam rumpit, amicitiam zelus abscindit. Cogeris maledicere quod divina lex prohibet, compelleris iurare
15 quod non licet. Tot persecutiones animus cotidie patitur, tot periculis pectus urgetur, et delectat hic inter diaboli gladios diu stare, cum magis concupiscendum sit et optandum ad Christum, subveniente velocius morte, properare.

Our Contest

VI. Non sint tibi scandala ista, sed proelia; nec debilitent aut frangant Christ'ani fidem, sed potius ostendant in colluctatione virtutem, cum contemnenda sit omnis iniuria malorum praesentium fiducia futuro-

rum bonorum. Nisi praecesserit pugna, non potest esse 5
victoria; cum fuerit in pugnae congressione victoria,
tunc datur vincentibus et corona. Navis
Our Metal gubernator in tempestate dignoscitur, in acie
miles probatur. Delicata iactatio est cum periculum non
est. Conflictatio in adversis probatio est veritatis. Ar- 10
bor quae alta radice fundata est ventis incumbentibus
non movetur; et navis quae forti compage solida est
pulsatur fluctibus, nec foratur; et quando area fruges
terit, ventos grana fortia et robusta contemnunt, inanes
paleae flatu portante rapiuntur. Quando ergo infirmitas 15
et imbecillitas et vastitas aliqua grassatur, tunc virtus
nostra perficitur; tunc fides, si tentata perstiterit, coronatur, sicut scriptum est, " Vasa figuli probat fornax,
et homines iustos tentatio tribulationis."

VII. Hoc denique inter nos et ceteros interest qui
Deum nesciunt, quod illi in adversis queruntur et mur-
murant, nos adversa non avocant a virtutis
Our Strength et fidei veritate, sed corroborant in dolore.
Apostoli vox est, quem Dominus vas electionis suae dix- 5
it, quem ad promenda mandata caelestia Deus misit:
" Primus homo," inquit, " de terrae limo, secundus
homo de caelo. Quomodo portavimus imaginem eius
qui de limo est, portemus et imaginem eius qui de caelo
est." Hanc imaginem portant disciplinae Dei memores, 10
iustitiam cum religione retinentes, stabiles in fide, humiles in timore, ad omnem tolerantiam fortes, ad susti-
nendam iniuriam mites, ad faciendam misericordiam
faciles, fraterna pace unanimes atque concordes

LACTANTIUS

THE DIVINE INSTITUTES

I. Sed Deus, ut parens indulgentissimus, appropinquante ultimo tempore, nuntium misit, qui vetus illud saeculum fugatamque iustitiam reduceret, ne humanum genus maximis et perpetuis agitaretur erroribus. Rediit ergo species illius aurei temporis, et reddita quidem terrae, sed paucis assignata iustitia est; quae nihil aliud est quam Dei unici pia et religiosa cultura.

The Return of Justice

II. Sed moveat aliquem fortasse cur si haec sit iustitia, non omni humano generi sit data, nec in eam multitudo universa consenserit. Magnae hoc disputationis est, cur a Deo, cum iustitiam terrae daret, sit retenta diversitas; quod et alio loco declaravi, et ubicumque opportune inciderit, explicabitur. Nunc designare id brevissime satis est: virtutem aut cerni non posse nisi habeat vitia contraria, aut non esse perfectam nisi exerceatur
10 adversis. Hanc enim Deus bonorum ac malorum voluit esse distantiam, ut qualitatem boni ex malo sciamus, item mali ex bono; nec alterius ratio intellegi, sublato altero, potest. Deus ergo non exclusit malum, ut ratio virtutis constare posset. Quomodo enim *patientia* vim

The Test of Virtue

suam nomenque retineret, si nihil esset quod *pati*
cogeremur? Quomodo laudem mereretur devota Deo
suo fides, nisi esset aliquis qui a Deo vellet avertere?
Nam et ideo potentiores esse iniustos permisit, ut
cogere ad malum possent; ideo plures, ut virtus esset
pretiosa, quae rara est. Quod quidem ipsum Quintilianus egregie ac breviter ostendit in capite obvoluto.
"Nam quae," inquit, "virtus esset innocentia nisi
laudem raritas dedisset? Verum quia natura sic comparatum est ut odium, cupiditas, ira, in id quod incubuerunt agant caecos, supra hominem videtur culpa
vacare. Alioqui, si natura pares omnibus affectus dedisset, pietas nihil erat."

III. Hoc quam verum sit, docet necessitas ipsa
rationis. Si enim virtus est malis ac vitiis fortiter
repugnare, apparet sine malo ac vitio nullam esse virtutem; quam Deus ut absolutam perfectamque redderet, retinuit id quod
erat ei contrarium cum quo depugnare posset. Agitata
enim malis quatientibus, stabilitatem capit; et quanto
frequenter impellitur, tanto firmiter roboratur. Haec
nimirum causa efficit ut quamvis sit hominibus missa
iustitia, tamen aureum saeculum non esse dicatur; quia
malum non sustulit, ut retineret diversitatem quae
sacramentum divinae religionis continet sola.

IV. Qui ergo putant iustum esse neminem, ante
oculos habent iustitiam, sed eam nolunt cernere. Quid
vobis inanem iustitiam depingitis, et optatis cadere de

caelo, tamquam in aliquo simulacro figuratam? Ecce
5 in conspectu vestro est: Estote aequi ac boni, et seque-
tur vos sua sponte iustitia quam quaeritis.
Deponite omnem malam cogitationem de
cordibus vestris, et statim vobis illud tempus aureum revertetur, quod aliter consequi non po-
10 testis quam si Deum verum colere coeperitis.

The Realm of Justice

V. Vos autem, manente cultu deorum, iustitiam de-
sideratis in terra, quod fieri nullo pacto potest. O mira
et caeca dementia! In iis putatur mala
mens esse qui fidem servare conantur, in
carnificibus autem bona. In iisne mala
mens est, qui contra ius humanitatis, contra fas omne
lacerantur, an potius in iis qui ea faciunt in corporibus innocentium quae nec saevissimi latrones, nec
iratissimi hostes, nec immanissimi barbari aliquando
10 fecerunt? Adeone etiam sibi mentiuntur ut vicissim boni ac mali nomina transferant et immutent?
Quid ergo non diem noctem vocant, solem tenebras?
Alioquin eadem impudentia est bonis malorum nomen imponere; sapientibus, stultorum; iustis, im-
15 piorum. Quin immo, si qua illis fiducia est vel in
philosophia vel in eloquentia, arment se ac refellant
haec nostra, si possunt; congrediantur comminus et
singula quaeque discutiant. Non est opus vi et iniuria,
quia religio cogi non potest. Verbis potius quam ver-
20 beribus res agenda est, ut sit voluntas. Destringant
aciem ingeniorum suorum; si ratio eorum vera est,
afferatur. Parati sumus audire, si doceant; tacentibus

Freedom of Truth

certe nihil credimus, sicut ne saevientibus quidem cedimus. Imitentur nos et rationem rei totius exponant. Nos enim non illicimus, ut ipsi obiectant, sed docemus, 25 probamus, ostendimus. Itaque nemo a nobis retinetur invitus, inutilis est enim Deo qui devotione ac fide caret. Et tamen nemo discedit, ipsa veritate retinente.

VI. Doceant isti hoc modo, si qua illis fiducia veritatis est; loquantur, hiscant, audeant (inquam) disputare nobiscum aliquid eiusmodi; iam profecto ab aniculis quas contemnunt, et a pueris nostris, error illorum ac stultitia 5 ridebitur. Sentiunt enim nihil esse in rebus humanis religione praestantius, eamque summa vi oportere defendi. Sed ut in ipsa religione, sic in defensionis genere falluntur. Defendenda enim religio est non occidendo, sed moriendo; non saevitia, sed patien- 10 tia; non scelere, sed fide; illa enim malorum sunt, haec bonorum. Et necesse est bonum in religione versari, non malum. Nam si sanguine, si tormentis, si malo religionem defendere velis, iam non defendetur illa, sed polluetur atque violabitur. Nihil est enim tam 15 voluntarium quam religio in qua si animus sacrificantis aversus est, iam sublata, iam nulla est. Recta igitur ratio est ut religionem patientia vel morte defendas, in qua fides conservata et ipsi Deo grata est, et religioni addit auctoritatem. Nam si is qui in hac ter- 20 restri militia regi suo fidem servat in aliquo egregio facinore, si postea vixerit, acceptior fit et carior, si perierit, summam consequitur gloriam quod pro duce

Manner of defending Religion

suo mortem occubuerit, quanto magis imperatori omnium Deo fides servanda est, qui non tantum viventibus, sed etiam mortuis praemium potest virtutis exsolvere! Igitur Dei cultus, quoniam militia caelestis est, devotionem maximam fidemque desiderat.

VII. Quomodo enim Deus aut amabit colentem, si ipse non ametur ab eo, aut quomodo praestabit precanti quidquid oraverit, cum ad precandum neque ex animo neque observanter accedat? Isti autem cum ad sacrificandum veniunt, nihil intimum, nihil proprium diis suis offerunt, non integritatem mentis, non reverentiam, non timorem. Peractis itaque sacrificiis inanibus, omnem religionem in templo, et cum templo, sicut invenerant, relinquunt; nihilque secum ex ea afferunt, neque referunt. Inde est quod eiusmodi religiones neque bonos facere possunt, neque firmae atque immutabiles esse.

Sincerity of Religion

VIII. Traducuntur itaque ab his homines facile, quia nihil ibi ad vitam, nihil ad sapientiam, nihil ad fidem discitur. Quae est enim superstitio illorum deorum? Quae vis? Quae disciplina? Quae origo? Quae ratio? Quod fundamentum? Quae substantia? Quo tendit? Aut quid pollicetur, ut ab homine possit fideliter servari fortiterque defendi? In qua nihil aliud video quam ritum ad solos digitos pertinentem. Nostra vero religio eo firma est et solida et immutabilis, quia iustitiam docet, quia nobiscum semper est, quia tota in animo colentis

False and true Religion

est, quia mentem ipsam pro sacrificio habet. Illic nihil
exigitur aliud quam sanguis pecudum, et fumus et
inepta libatio; hic bona mens, purum pectus, innocens
vita. At illi infelices nec ex sceleribus suis intellegunt
quam malum sit quod colunt, quandoquidem flagitiis
omnibus inquinati, veniunt ad precandum; et se pie
sacrificare opinantur, si cutem laverint. Tamquam
libidines intra pectus inclusas ulli amnes abluant aut
ulla maria purificent. Quanto satius est mentem potius
eluere quae malis cupiditatibus sordidatur, et uno virtutis ac fidei lavacro universa vitia depellere! Quod
qui fecerit, quamlibet inquinatum ac sordidum corpus
gerat, satis purus est.

IX. Non ergo ideo adversus nos insaniunt, quia dii
non coluntur a nobis, sed quia veritas penes nos est,
quae (ut est verissime dictum) odium parit. Quid igitur existimabimus, nisi nescire
illos quid patiantur? Pergitur enim caeco
et irrationabili furore quem nos videmus, illi nesciunt.
Non enim ipsi homines persequuntur qui causam cur
irascantur innocentibus non habent. Sed illi spiritus
contaminati ac perditi, quibus veritas et nota est et
invisa, insinuant se mentibus eorum, et instigant nescios in furorem. Hi enim, quamdiu pax est in populo
Dei, fugitant iustos et pavent. Et cum corpora hominum occupant animasque divexant, adiurantur ab his,
et nomine Dei veri fugantur. Quo audito tremunt,
exclamant, et uri se verberarique testantur; et interroganti qui sint, quando venerint, quomodo in homi-

nem irrepserint, confitentur. Sic extorti et excruciati
virtute divini nominis, exsulantur. Propter haec verbera et minas, sanctos et iustos viros semper oderunt.
20 Et quia per se nocere his nihil possunt, publicis eos
odiis persequuntur quos sibi graves sentiunt, exercent-
que saevitiam quam violentissime possunt, ut aut
eorum fidem minuant per dolorem, aut, si id efficere
non quiverint, auferant omnino de terra, ne sint qui
25 possint eorum nequitiam coercere. Non me fugit quid
responderi e contrario possit. Cur ergo Deus ille sin-
gularis, ille magnus, quem rerum potentem, quem
dominum omnium confiteris, haec fieri patitur, nec
cultores suos aut vindicat, aut tuetur? Cur denique
30 qui eum non colunt et opulenti et potentes et beati
sunt, et honoribus regnoque potiuntur, eosque ipsos
dicioni suae ac potestati subiectos habent?

X. Reddenda et huius rei ratio est, ne quid rema-
neat erroris. Nam imprimis haec causa est cur existi-
metur religio Dei vim non habere, quod
The Error of Unbelievers inducuntur homines specie terrenorum ac
praesentium bonorum, quae ad curam men-
tis nullo modo pertinent; quibus quia carere iustos
vident, et affluere iniustos, et Dei cultum inanem arbi-
trantur, in quo inesse illa non cernunt, et deorum ritus
aestimant veros, quoniam cultores eorum et divitiis
10 et honoribus et regnis fruantur. Verum ii qui sunt in
hac existimatione non perspiciunt altius vim rationem-
que hominis, quae tota non in corpore sed in mente
est. Nihil enim vident amplius quam videtur, corpus

scilicet; quod, quia oculis manuque tractabile est, imbecillum, fragile, mortale est; cuius sunt illa omnia bona quae cupiditati ac miraculo sunt, opes, honores, imperia, quoniam corpori afferunt voluptates, et ideo tam caduca sunt quam corpus ipsum. Animus vero, in quo solo est homo, quoniam subiectus oculis non est, nec bona eius inspici possunt, quae in sola virtute sunt posita, et ideo tam stabilis, et constans, et perpetuus sit necesse est, sicut ipsa virtus, in qua est animi bonum.

XI. Longum est universas virtutis species promere, ut de singulis doceam quam necesse sit sapientem ac iustum virum longe ab illis bonis abhorrere, quibus quia fruuntur iniusti, deorum cultus veri et efficaces esse creduntur. Quod ad praesentem pertinet quaestionem, satis est, si ex una virtute id probemus quod intendimus. Nempe magna et praecipua virtus est patientia, quam pariter et vulgi voces publicae et philosophi et oratores summis laudibus celebrant. Quod si negari non potest quin summa sit virtus, necesse est iustum et sapientem virum in potestate esse hominis iniusti, ut capiat patientiam. Patientia est enim malorum quae aut inferuntur, aut accidunt, cum aequanimitate perlatio. Ergo iustus ac sapiens, quia virtutem capit, habet in se patientiam; qua carebit omnino, si nihil patietur adversi. Contra, qui in rebus prosperis agit, impatiens est, et virtute maxima caret. Impatientem dico, quia nihil patitur. Innocentiam quoque servare non potest, quae et ipsa iusto et sapienti viro propria virtus est. Sed et nocet saepe, et concupiscit aliena, et rapit quae cupierit per iniuriam, quia virtutis expers vitio peccatoque subiectus est; et fragilitatis oblitus animo insolenter elato tumet.

XII. Inde iniusti ac Deum nescientes, et divitiis et potentia et honoribus florent. Haec enim cuncta iniustitiae praemia sunt, quia et perpetua esse non possunt, et per cupiditatem violentiamque quaeruntur. Iustus vero ac sapiens, quia illa omnia humana (ut est a Laelio dictum) sua bona divina iudicat, nec alienum quidquam concupiscit, ne quem contra ius humanitatis laedat omnino; nec ullam potentiam honoremve desiderat, ne cui faciat iniuriam. Scit enim cunctos ab eodem Deo et eadem condicione generatos, iure fraternitatis esse coniunctos. Sed et suo contentus, et parvo, quia fragilitatis suae memor, non amplius quaerit quam unde vitam sustentet; et ex eo ipso quod habuerit impertit etiam non habenti, quia pius est; pietas autem summa virtus est. Eo accedit quod voluptates caducas vitiosasque contemnit, quarum causa opes appetuntur, quoniam continens est ac libidinum victor. Idem nihil tumoris atque insolentiae gerens, non extollit se altius, nec erigit superbum caput; sed placidus et concors et comis et planus est, quia condicionem suam novit. Cum ergo iniuriam nulli faciat, nec aliena cupiat, nec sua quoque, si vi auferantur, defendat, cum sciat etiam illatam iniuriam moderate ferre, quia virtute praeditus est, necesse est iustum hominem subiectum esse

Contrasts

iniusto, et contumeliis affici ab insipiente sapientem, ut 25
et ille peccet, quia iniustus est, et hic in servitutem
abeat, quia iustus est.

XIII. Si quis autem volet scire plenius cur malos
et iniustos Deus potentes, beatos, et divites fieri sinat,
pios contra, humiles, miseros, inopes esse
patiatur, sumat eum Senecae librum cui
titulus est " Quare bonis viris multa mala 5
accidant, cum sit providentia "; in quo ille
multa, non plane imperitia saeculari, sed sapienter
ac paene divinitus elocutus est. " Deus," inquit,
" homines pro liberis habet; sed corruptos et vitiosos
luxuriose ac delicate patitur vivere, quia non putat 10
emendatione sua dignos. Bonos autem quos diligit,
castigat saepius, et assiduis laboribus ad usum virtutis exercet; nec eos caducis ac mortalibus bonis corrumpi ac depravari sinit." Unde nemini mirum debet
videri, si pro nostris saepe delictis castigamur a Deo. 15
Immo vero, cum vexamur ac premimur, tum maxime
gratias agimus indulgentissimo Patri, quod corruptelam nostram non patitur longius procedere, sed plagis
ac verberibus emendat. Ex quo intellegimus esse nos
Deo curae, quoniam, cum peccamus, irascitur. Nam 20
cum posset populo suo et opes et regna largiri, sicut dederat ante Iudaeis, quorum nos successores ac posteri
sumus; idcirco enim voluit sub aliena dicione atque
imperio degere, ne rerum prosperarum felicitate corruptus in luxuriam laberetur ac Dei praecepta contemneret; sicut illi maiores nostri, qui saepe terrenis 25

Why Evils befall the Good

ac fragilibus his bonis enervati aberrarunt a disciplina et legis vincula ruperunt. Providit ergo quatenus cultoribus suis praestaret quietem si mandata servassent, et tamen eos emendaret si praeceptis non
30 obtemperassent. Itaque ne tam corrumperentur otio quam patres eorum licentia, premi eos voluit ab iis in quorum manibus eos collocavit, ut et labantes confirmet, et corruptos ad fortitudinem reparet, et fidos experiatur ac tentet. Quomodo enim potest imperator
35 militum suorum probare virtutem, nisi habuerit hostem? Et illi tamen adversarius exsurgit invito, et quia mortalis est et vinci potest. Deo autem quia repugnari non potest, ipse adversarios nomini suo excitat, non qui contra ipsum Deum pugnent, sed contra milites
40 eius, ut devotionem ac fidem suorum vel probet, vel corroboret, donec pressurae verberibus diffluentem corrigat disciplinam.

XIV. Est et alia causa cur adversum nos persecutiones fieri sinat, ut Dei populus augeatur. Nec est difficile monstrare cur aut quomodo id fiat.

From Evil cometh forth Good — Primum fugantur a deorum cultibus plurimi odio crudelitatis. Qui enim talia sacrificia non horreant? Deinde placet quibusdam virtus ac fides ipsa. Nonnulli suspicantur deorum cultum non sine causa malum putari a tam multis hominibus ut emori malint quam id facere
50 quod alii faciunt ut vivant. Aliquis cupit scire quodnam sit illud bonum quod ad mortem usque defenditur; quod omnibus quae in hac vita iucunda sunt et

LACTANTIUS

cara praefertur; a quo nec bonorum nec lucis amissio nec dolor corporis nec viscerum cruciamenta deterrent. Valent haec plurimum. Sed illae maxime causae nostrorum numerum semper auxerunt. Audit circumstans populus inter ipsa tormenta dicentes non sacrificare se lapidibus humana manu factis, sed Deo vivo qui sit in caelo. Multi hoc verum esse intellegunt, et in pectus admittunt. Deinde, ut fieri solet in rebus incertis, dum inter se invicem quaerunt quae sit huius perseverantiae causa, multa quae ad religionem pertinent, divulgata ac per rumorem vicissim aucupata, discuntur; quae, quia bona sunt, placeant necesse est. Praeterea ultio consecuta sicut semper accidit ad credendum vehementer impellit. Ne haec quidem levis causa est quod immundi daemonum spiritus, accepta licentia, multorum se corporibus immergunt; quibus postea eiectis, omnes qui resanati fuerint adhaereant religioni cuius potentiam senserunt. Hae tot causae in unum collatae magnam Deo multitudinem mirabiliter acquirunt.

XV. Quidquid ergo adversum nos mali principes moliuntur fieri ipse permittit. Et tamen iniustissimi persecutores, quibus Dei nomen contumeliae ac ludibrio fuit, non se putent impune laturos, quia indignationis adversus nos eius quasi ministri fuerunt. Punientur enim iudicio Dei qui, accepta potestate, supra humanum modum fuerint abusi, et insultaverint etiam Deo superbius, eiusque nomen aeternum vestigiis suis

Divine Vengeance on the Torturers

10 subiecerint impie nefarieque calcandum. Propterea
vindicaturum se in eos celeriter pollicetur, et extermi-
naturum bestias malas de terra. Sed idem, quamvis
populi sui vexationes et hic in praesenti soleat vindi-
care, tamen iubet nos exspectare patienter illum cae-
15 lestis iudicii diem, quo ipse pro suis quemque meritis
aut honoret aut puniat. Quapropter non sperent
sacrilegae animae contemptos et inultos fore quos sic
obterunt. Veniet, veniet rabiosis et voracibus lupis
merces sua, qui iustas et simplices animas, nullis faci-
20 noribus admissis, excruciaverunt. Nos tantummodo
laboremus, ut ab hominibus nihil aliud in nobis nisi
sola iustitia puniatur. Demus operam totis viribus, ut
mereamur a Deo simul et ultionem passionis et
praemium.

TWO WAYS OF LIFE

I. Duae sunt viae per quas humanam vitam pro-
gredi necesse est: una, quae in caelum ferat, altera,
quae ad inferos deprimat; quas et poetae in
Its onward Course carminibus et philosophi in disputationibus
suis induxerunt. Et quidem philosophi al-
teram virtutum esse voluerunt, alteram vitiorum; eamque quae sit assignata virtutibus, primo aditu esse et
arduam et confragosam, in qua si quis, difficultate
superata, in summum eius evaserit, habere eum de
10 cetero planum iter, lucidum amoenumque campum, et
omnes laborum suorum capere fructus uberes atque iu-
cundos. Quos autem primi aditus difficultas deter-

LACTANTIUS

ruerit, eos in eam vitiorum viam labi atque deflectere quae primo ingressu sit quasi amoena, multoque tritior, deinde cum in eam paulo ulterius processerint, amoe- nitatis eius speciem repente subduci; exoriri autem viam praecipitem, nunc saxis asperam, nunc obductam sentibus, nunc gurgitibus intercisam vel torrentibus rapidam, ut laborare, haerere, labi, cadere sit necesse. Quae omnia eo proferuntur ut appareat in virtutibus capiendis labores esse maximos, in perceptis autem maximos fructus et solidas atque incorruptas voluptates; vitia vero quibusdam delinimentis naturalibus illicere animos hominum, et inanium iucunditatum specie captos ad acerbas amaritudines miseriasque perducere. Sapiens prorsus disputatio si virtutum ipsarum formas atque terminos scirent. Non enim didicerant vel quae sint vel quid eas mercedis a Deo maneat.

II. Hi vero, quia ignorabant aut dubitabant animas hominum immortales esse, et virtutes et vitia terrenis honoribus aut poenis aestimaverunt. Omnis ergo haec de duabus viis disputatio, ad frugalitatem ac luxuriam spectat. Dicunt enim humanae vitae cursum Y litterae esse similem, quod unusquisque hominum, cum primae adulescentiae limen attigerit et in eum locum venerit,

Parting of the Ways

Partes ubi se via findit in ambas,

haereat nutabundus, ac nesciat in quam se partem potius inclinet. Si ducem nactus fuerit qui dirigat ad me-

liora titubantem, hoc est, si aut philosophiam didicerit,
aut eloquentiam, aut aliquid honestae artis, quo evadat
ad bonam frugem, quod fieri sine labore maximo non
15 potest, honestam ac copiosam vitam disputant perac-
turum. Si vero doctorem frugalitatis non invenerit, in
sinistram viam, quae melioris speciem mentiatur, in-
cidere, id est, desidiae, inertiae, luxuriae se tradere,
quae suavia quidem videntur ad tempus vera bona
20 ignoranti, post autem, amissa omni dignitate ac re
familiari, in omnibus miseriis ignominiaque victurum.
Ad corpus ergo et ad hanc vitam quam in terra duci-
mus, fines earum viarum rettulerunt. Poetae fortasse
melius, qui hoc bivium apud inferos esse voluerunt.
25 Sed in eo falluntur, quod eas vias mortuis proposue-
runt. Utrique ergo vere, sed tamen utrique non
recte; quia oportuit vias ipsas ad vitam, fines earum
ad mortem referri. Nos igitur melius et verius, qui
duas istas vias caeli et inferorum esse dicimus, quia
30 iustis immortalitas, iniustis poena aeterna proposita
est.

III. Quomodo autem hae viae vel in caelum tollant
vel ad inferna praecipitent explicabo; aperiam quae
sint virtutes quas philosophi nescierunt;
Virtues and Vices tum earum quae sint praemia, simul etiam
quae sint vitia, quaeve eorum supplicia,
monstrabo. Nam fortasse aliquis exspectet ut separa-
tim de vitiis ac virtutibus dicam, cum de bono aut malo
disserentibus nobis etiam quod est contrarium possit
intellegi. Sive enim virtutes inseras, vitia sua sponte

decedent; sive vitia eximas, virtutes ultro subibunt. 10
Sic bonorum ac malorum constituta natura est ut se
invicem semper oppugnent, semper expellant. Ita fit
ut neque vitia detrahi sine virtutibus possint, nec
virtutes inseri sine detractione vitiorum. Has igitur
vias longe aliter inducimus quam a philosophis induci 15
solent. Primum, quod utrique praepositum esse dicimus ducem, utrumque immortalem; sed alterum
honoratum, qui virtutibus ac bonis praesit, alterum
damnatum, qui vitiis ac malis. Illi autem in dexteriore
tantum via ducem ponunt, neque unum neque perpe- 20
tuum. Siquidem quemlibet doctorem bonae artis in-
ducunt, qui a desidia revocet homines, et frugi esse
doceat. Sed neque ingredi faciunt in eam viam nisi
pueros et adulescentes, videlicet quod artes discantur
in his aetatibus. Nos autem omnis sexus et generis 25
et aetatis in hoc caeleste iter inducimus, quia Deus,
qui eius viae Dux est, immortalitatem nulli homini
nato negat. Forma quoque ipsarum viarum non ita est
ut illi putaverunt. Quid enim opus est Y littera in
rebus contrariis atque diversis? Sed altera illa melior 30
conversa est ad solis ortum, altera illa deterior, ad
occasum; quoniam qui veritatem ac iustitiam sequitur,
is, accepto immortalitatis praemio, perenni luce potie-
tur; qui autem ab illo malo duce illectus praetulerit
vitia virtutibus, mendacium veritati, necesse est ad 35
occasum et tenebras deferatur. Describam igitur
utramque, et earum proprietates habitusque monstrabo.

IV. Una est itaque virtutis ac bonorum via, quae fert, non in Elysios campos (ut poetae loquuntur), sed ad ipsam mundi arcem:

> At laeva malorum
> Exercet poenas et ad impia Tartara mittit.

Est enim criminatoris illius qui, pravis religionibus institutis, avertit homines ab itinere caelesti et in viam perditionis inducit. Cuius viae species et figura sic est composita in aspectu ut plana et patens et omni genere florum atque fructuum delectabilis esse videatur. In ea enim posita sunt omnia quae pro bonis habentur in terra —opulentiam dico, honorem, quietem, voluptatem, illecebras omnes; sed cum his pariter iniustitiam, crudelitatem, superbiam, perfidiam, libidinem, cupiditatem, discordiam, ignorantiam, mendacium, stultitiam, ceteraque vitia. Exitus autem huius viae talis est, cum ventum fuerit ad extremum unde iam regredi non licet, cum omni sua pulchritudine tam subito praeciditur ut non ante quis fraudem prospicere possit quam praecipitatus in altitudinem profundam cadat. Quisquis enim, praesentium bonorum specie captus et in his consequendis ac fruendis occupatus, non praeviderit ea quae post mortem secutura sunt, seque a Deo averterit, is vero, ad inferos deiectus, in aeternam damnabitur poenam.

The Way that leads to Hell

V. Via vero illa caelestis, difficilis et clivosa proposita est, vel spinis horrentibus aspera, vel saxis exstantibus impedita; ut cum summo labore ac pedum tritu, cumque magna cadendi sollicitudine sit cuique gradiendum. In hac posuit iustitiam, temperantiam, patientiam, fidem, castitatem, abstinentiam, concordiam, scientiam, veritatem, sapientiam, ceterasque virtutes; sed simul cum his paupertatem, ignominiam, laborem, dolorem, amaritudines omnes. Quisquis enim spem suam porrexerit longius et meliora maluerit, carebit his terrae bonis, ut expeditus ac levis difficultatem viae superet. Nec enim potest qui se apparatu regio circumdederit, aut divitiis oneraverit, angustias illas vel ingredi vel tenere. Unde intellegitur, idcirco, malis et iniustis facilius provenire quae cupiant, quia prona et declivis est eorum via; bonis autem quae optent difficile procedere, quia difficili et arduo itinere gradiuntur. Iustus ergo, quoniam durum asperumque iter ingressus est, contemptui, derisui, odio sit necesse est. Omnes enim quos cupiditas aut voluptas praecipites trahit, invident ei qui virtutem capere potuit, et inique ferunt id habere aliquem quod ipsi non habent. Erit itaque pauper, humilis, ignobilis, subiectus iniuriae, et tamen omnia quae amara sunt perferens. Et si patientiam iugem ad summum illum gradum finemque perduxerit, dabitur ei corona virtutis, et a Deo pro laboribus quos in vita propter iustitiam pertulit immortalitate donabitur. Hae sunt viae quas Deus humanae vitae assignavit, in quibus singulis et bona ostendit et mala, sed ordine praepostero atque converso. In una enim monstravit temporalia prius mala cum aeternis bonis, qui est ordo melior; in altera, temporalia prius bona

tum aeternis malis, qui est ordo deterior; ut quicum-
35 que praesentia mala cum iustitia delegerit, maiora et
certiora consequatur bona quam fuerunt illa quae
sprevit; quisquis autem praesentia bona praeposuerit
iustitiae, in maiora et longiora incidat mala quam
fuerunt illa quae fugit. Haec enim vita corporalis,
40 quia brevis est, idcirco et bona eius et mala brevia
sint necesse est. Illa vero spiritalis quae huic terrenae
contraria est, quoniam sempiterna est, idcirco et bona
eius et mala sempiterna sunt. Ita fit ut et bonis brevibus mala aeterna, et malis brevibus bona aeterna
45 succedant.

VI. Itaque cum simul proposita sint homini bona et
mala, considerare unumquemque secum decet quanto
satius sit perpetuis bonis mala brevia pen-
sare, quam pro brevibus et caducis bonis
mala perpetua sustinere. Nam sicut in hoc
saeculo, cum est propositum cum hoste
certamen, prius laborandum est, ut sis postmodum in
otio, esuriendum, sitiendum, aestus, frigora perfe-
renda, humi quiescendum, vigilandum, periclitandum
10 est ut, salvis pignoribus, et domo et re familiari, et
omnibus pacis ac victoriae bonis perfrui possis; sin
autem praesens otium malueris quam laborem, malum
tibi maximum facias necesse est; praeoccupabit enim
adversarius non resistentem, vastabuntur agri, diripie-
15 tur domus, in praedam uxor ac liberi venient, et tu ipse
interficiere aut capiere; quae omnia ne accidant praesens commodum differendum est, ut maius longiusque

Temporal Advantages against Eternal

pariatur. Sic in omni hac vita, quia nobis adversarium
Deus reservavit, ut possemus capere virtutem, omit-
tenda est praesens voluptas, ne hostis opprimat; vigi- 20
landum, stationes agendae, militares expeditiones
obeundae, fundendus ad ultimum cruor, omnia denique
amara et gravia patienter ferenda, eo quidem promp-
tius quo nobis imperator noster Deus praemia pro
laboribus aeterna constituit. Et cum in hac terrena 25
militia tantum homines laboris exhauriant ut ea sibi
pariant quae possunt eodem modo perire quo parta
sunt, certe nobis nullus labor est recusandus, quibus
id acquiritur quod nullo modo possit amitti.

VII. Voluit enim Deus, qui homines ad hanc militiam genuit, expeditos in acie stare, et intentis acriter
animis ad unius hostis insidias vel apertos
impetus vigilare; qui nos, sicut periti et
exercitati duces solent, variis artibus cap- 5
tat, pro cuiusque natura et moribus saeviens. Aliis
enim cupiditatem insatiabilem immittit, ut opibus suis
tamquam compedibus illigatos a via veritatis excutiat.
Alios inflammat irae stimulis, ut ad nocendum potius
intentos a Dei contemplatione detorqueat. Alios im- 10
moderatis libidinibus immergit, ut voluptati et corpori
servientes, ad virtutem respicere non possint. Aliis
vero inspirat invidiam, ut suis ipsi tormentis occupati,
nihil cogitent aliud nisi eorum quos oderint felicitatem.
Alios inflat ambitionibus. Quos autem pios viderit, 15
vanis implicat religionibus, ut impios faciat. Iis vero
qui sapientiam quaerunt, philosophiam in oculos im-

The Wiles of Satan

pingit, uti specie lucis excaecet, ne quis comprehendat
ac teneat veritatem. Sic hominibus obstruxit aditus
20 omnes, et obsaepsit vias publicis laetus erroribus; quos
ut discutere possemus, ipsumque auctorem malorum
vincere, illuminavit nos Deus et armavit vera caeles-
tique virtute.

THE FORMATION OF MAN

I. Nunc rationem totius hominis ostendam, singu-
lorumque membrorum, quae in corpore aperta aut
operta sunt, utilitates et habitus explicabo.
<small>The Divine Plan in the Body of Man</small> Cum igitur statuisset Deus ex omnibus ani-
malibus solum hominem facere caelestem,
cetera universa terrena, hunc ad caeli contemplationem rigidum erexit, bipedemque constituit,
scilicet ut eodem spectaret unde illi origo est; illa vero
depressit ad terram, ut quia nulla his immortalitatis
10 exspectatio est toto corpore in humum proiecta ventri
pabuloque servirent. Hominis itaque solius recta ratio
et sublimis status, et vultus Deo patri communis ac
proximus, originem suam fictoremque testatur. Eius
prope divina mens, quia non tantum animantium quae
15 sunt in terra, sed etiam sui corporis est sortita domina-
tum, in summo capite collocata, tamquam in arce
sublimis speculatur omnia et contuetur. Hanc eius
aulam, non obductam porrectamque formavit, ut in
mutis animalibus, sed orbi et globo similem, quod
20 omnis rotunditas perfectae rationis est ac figurae. Eo

LACTANTIUS

igitur mens et ignis ille divinus tamquam caelo tegitur; cuius cum summum fastigium naturali veste texisset, priorem partem quae dicitur facies necessariis membrorum ministeriis et instruxit pariter et ornavit.

II. Ac primum, oculorum orbes concavis *foraminibus* conclusit, a quo *foratu frontem* nominatam Varro existimavit; et eos neque minus neque amplius quam duos esse voluit, quod ad speciem nullus est perfectior numerus quam duorum; sicut et aures duas quarum duplicitas incredibile est quantam pulchritudinem praeferat, quod tum pars utraque similitudine ornata est, tum ut venientes altrinsecus voces facilius colligantur. Nam et forma ipsa mirandum in modum ficta, quod earum foramina noluit esse nuda et inobsaepta, quod et minus decorum et utile minus fuisset, quoniam simplicium cavernarum angustias praetervolare vox posset, nisi exceptam per cavos sinus, et repercussu retentam foramina ipsa cohiberent, illis similia vasculis, quibus impositis solent angusti oris vasa compleri. Eas igitur *aures* quibus est inditum nomen a vocibus *hauriendis*, unde Vergilius,

Vocemque his auribus hausi,

aut quia vocem ipsam Graeci αὐδήν vocant, ab auditu — per immutationem litterae *aures* velut *audes* sunt nominatae — noluit Deus artifex mollibus pelliculis informare, quae pulchritudinem demerent pendulae atque flaccentes, neque duris ac solidis ossibus, ne ad

The Eyes and Ears

5

10

15

20

usum inhabiles essent immobiles ac rigentes. Sed quod esset horum medium excogitavit, ut eas cartilago mollior alligaret, et haberent aptam simul et flexibilem firmitatem. In his audiendi tantum officium constitutum est, sicut in oculis videndi, quorum praecipue inexplicabilis est ac mira subtilitas, quia eorum orbes gemmarum similitudinem praeferentes, ab ea parte qua videndum fuit, membranis perlucentibus texit, ut imagines rerum contra positarum tamquam in speculo refulgentes, ad sensum intimum penetrarent. Per eas igitur membranas sensus ille qui dicitur mens ea quae sunt foris transpicit. Ne forte existimes aut imaginum incursione nos cernere (ut philosophi dixerunt), quoniam videndi officium in eo debet esse quod videt, non in eo quod videtur; aut intentione aeris, cum acie aut effusione radiorum, quoniam, si ita esset, radium quem oculis advertimus, videremus, donec intentus aer cum acie, aut effusi radii ad id quod videndum esset pervenirent.

III. Itaque ad videndum membris potius in orbem conglobatis opus fuit, ut visus in latum spargeretur et quae in primori facie adhaererent ut libere possent omnia contueri. Ergo ineffabilis divinae providentiae virtus fecit duòs simillimos orbes, eosque ita devinxit ut non in totum converti, sed moveri tamen ac flecti cum modo possent. Orbes autem ipsos humoris puri ac liquidi plenos esse voluit, in quorum media parte scintillae luminum conclusae tenerentur, quas pupillas nuncupamus,

Pupils of the Eyes

in quibus puris ac subtilibus cernendi sensus ac ratio continetur. Per eos igitur orbes seipsam mens intendit ut videat, miraque ratione in unum miscetur et coniungitur amborum luminum visus.

IV. Ut igitur oculi munitiores essent ab iniuria, eos ciliorum tegminibus *occuluit,* unde *oculos* dictos esse Varroni placet. Nam et ipsae *palpebrae* quibus mobilitas inest, et *palpitatio* vocabulum tribuit, pilis in ordine stantibus vallatae, saeptum oculis decentissimum praebent. Quarum motus assiduus incomprehensibili celeritate concurrens, et videndi tenorem non impedit, et reficit obtutum. Acies enim, id est membrana illa perlucens, quam siccari et obarescere non oportet, nisi humore assiduo tersa pure niteat, obsolescit. Quid ipsa superciliorum fastigia pilis brevibus adornata? Nonne, quasi aggeribus, et munimentum oculis, ne quid superne incidat et speciem simul praestant? Ex quorum confinio nasus exoriens et veluti aequali porrectus iugo, utramque aciem simul et discernit et munit. Inferius quoque genarum non indecens tumor in similitudinem collium leniter exsurgens, ab omni parte oculos efficit tutiores; provisumque est ab Artifice summo, ut si quis forte vehementior ictus exstiterit, eminentibus repellatur. Nasi vero pars superior usque ad medium solida formata est, inferior autem cartilagine adhaerente mollita. In hoc autem, quamvis simplici membro, tria sunt officia constituta: unum ducendi spiritus; alterum capiendi odoris: tertium ut per eius cavernas

Parts of the Face

purgamenta cerebri defluant; quas ipsas Deus quam mirabili, quam divina ratione molitus est, ut tamen hiatus ipse nasi oris speciem non deformaret. Quod erat plane futurum si unum ac simplex foramen
30 pateret. At id velut pariete per medium ducto intersaepsit atque divisit, fecitque ipsa duplicitate pulcherrimum. Ex quo intellegimus quantum dualis numerus, una et simplici compage solidatus, ad rerum valeat perfectionem.

V. Nam cum sit corpus unum, tamen totum ex simplicibus membris constare non poterat, nisi ut essent partes vel dextrae vel sinistrae. Itaque ut pedes duo et item manus non tantum ad utilitatem aliquam usumque vel gradiendi vel faciendi valent, sed et habitum decoremque admirabilem conferunt, sic in capite, quod totius divini operis quasi culmen est, et auditus in duas aures et visus in duas acies et odoratio in duas nares a summo
10 Artifice divisa est, quia cerebrum in quo sentiendi ratio est, quamvis sit unum, tamen in duas partes membrana interveniente discretum est. Sed et cor, quod sapientiae domicilium videtur, licet sit unum, duos tamen intrinsecus sinus habet, quibus fontes vivi san-
15 guinis continentur, saepto intercedente divisi; ut sicut in ipso mundo summa rerum vel de simplici duplex, vel de duplici simplex, et gubernat et continet totum, ita in corpore de duobus universa compacta, indissociabilem praetenderent unitatem. Oris quoque species
20 et rictus ex transverso patefactus, quam utilis, quam

Pairs in the Body

decens sit, enarrari non potest; cuius usus in duobus constat officiis sumendi victus et loquendi.

VI. Lingua intus inclusa, quae vocem motibus suis in verba discernit et est interpres animi, nec tamen sola potest per se loquendi munus implere, nisi acumen suum palato illiserit, nisi iuta vel offensione dentium vel compressione labiorum. Dentes tamen plus conferunt ad loquendum; nam et infantes non ante incipiunt fari quam dentes habuerint, et senes amissis dentibus ita balbutiunt, ut ad infantiam revoluti denuo esse videantur. Sed haec ad hominem solum pertinent aut ad aves in quibus acuminata et vibrata certis motibus lingua innumerabiles cantuum flexiones et sonorum varios modos exprimit. Habet praeterea et aliud officium, quo in omnibus, sed tamen solo in mutis utitur, quod contritos et commolitos dentibus cibos colligit, et conglobatos vi sua deprimit et transmittit ad ventrem. Itaque Varro a *ligando* cibo putat *linguae* nomen impositum. Bestias etiam potu adiuvat; protenta enim cavataque hauriunt aquam, eamque comprehensam linguae sinu, ne tarditate ac mora effluat, ad palatum celeri mobilitate complodunt. Haec itaque palati concavo tamquam testudine tegitur, eamque dentium saeptis Deus quasi muro circumvallavit.

The Tongue

VII. Dentes autem ipsos mirabili modo per ordinem fixos, ne nudi ac restricti magis horrori quam ornamento essent, *gingivis* mollibus, quae a *gignendis* dentibus nominantur, ac deinde labiorum tegminibus

5 honestavit, quorum durities sicut in molari lapide
maior est et asperior quam in ceteris ossibus, ut ad
conterendos cibos pabulumque sufficerent.
Labra ipsa, quae quasi antea cohaerebant,
quam decenter intercidit, quorum superius
10 sub ipsa medietate narium lacuna quadam levi quasi
valle signavit, inferius honestatis gratia foras molliter
explicavit! Nam, quod attinet ad saporem capiendum,
fallitur, quisquis hunc sensum palato inesse arbitratur;
lingua est enim qua sapores sentiuntur, nec tamen tota;
15 nam partes eius quae sunt ab utroque latere teneriores
saporem subtilissimis sensibus trahunt. Et cum neque
ex cibo quidquam neque ex potione minuatur, tamen
inenarrabili modo penetrat ad sensum sapor, eadem
ratione qua nihil de quaque materia odoris capio de-
20 cerpit.

VIII. Cetera quam decora sint vix exprimi potest.
Deductum clementer a genis mentum et ita inferius
conclusum ut acumen eius extremum sig-
nare videatur leviter impressa divisio;
rigidum ac teres collum; scapulae velut
mollibus iugis a cervice demissae; valida
et substricta nervis ad fortitudinem bracchia; insignibus toris exstantium lacertorum vigens robur; utilis
ac decens flexura cubitorum. Quid dicam de manibus,
10 rationis ac sapientiae ministris, quas sollertissimus
Artifex plano ac modice concavo sinu fictas, ut si quid
tenendum sit, apte possit insidere, in digitos termina-
vit, in quibus difficile est expedire utrumne species an

utilitas maior sit? Nam et numerus perfectus ac plenus,
et ordo ac gradus decentissimus, et articulorum parium
curvatura flexibilis, et forma unguium rotunda, concavis tegminibus digitorum fastigia comprehendens
atque firmans, ne mollitudo carnis in tenendo cederet,
magnum praebet ornatum. Illud vero ad usum miris
modis habile, quod unus a ceteris separatus cum ipsa
manu oritur et in diversum maturius funditur, qui se
velut obvium ceteris praebens, omnem tenendi facien-
dique rationem vel solus vel praecipue possidet, tamquam rector omnium atque moderator; unde etiam
pollicis nomen accepit, quod vi et potestate inter
ceteros *polleat*. Duos quidem articulos exstantes habet,
non ut alii ternos, sed unus ad manum carne conectitur
pulchritudinis gratia. Si enim fuisset tribus articulis
et ipse discretus, foeda et indecora species ademisset
manibus honestatem.

IX. In *plantis* vero eadem quidem, sed tamen longe
dispar quam in manibus, ratio est; quae quoniam totius
corporis quasi fundamenta sunt, mirificus
The Feet
eas Artifex non rotunda specie, ne homo
stare non posset, aut aliis ad standum pedibus indigeret,
sicut quadrupedes, sed porrectiores longioresque formavit, ut stabile corpus efficerent *planitie* sua, unde illis
inditum nomen est. Digiti, aeque totidem quot in manibus, speciem magis quam usum maiorem praeferentes,
ideoque et iuncti et breves et gradatim compositi;
quorum qui est maximus, quoniam illum sicut in manu
discerni a ceteris opus non erat, ita in ordinem redac-

tus est ut tamen ab aliis magnitudine ac modico
intervallo distare videatur. Haec eorum speciosa ger-
manitas non levi adiumento nisum pedum firmat;
concitari enim ad cursum non possumus nisi, digitis in
humum pressis soloque nitentibus, impetum saltumque
capiamus.

X. De voce autem quam rationem reddere possumus? Grammatici quidem ac philosophi vocem esse
definiunt aerem spiritu *verberatum* unde
verba sunt nuncupata, quod perspicue fal-
sum est. Non enim vox extra os gignitur, sed intra; et
ideo verisimilior est illa sententia, stipatum spiritum,
cum obstantia faucium fuerit illisus, sonum vocis
exprimere; veluti cum in patentem cicutam labroque
subiectam demittimus spiritum, et is cicutae concavo
repercussus ac revolutus a fundo, dum ad descendentem
occursu suo redit, ad exitum nitens, sonum gignit, et in
vocalem spiritum resiliens per se ventus animatur.
Quod quidem an verum sit, Deus Artifex viderit. Videtur enim non ab ore, sed ab intimo pectore vox oriri.
Denique et ore clauso, ex naribus emittitur sonus qualis
potest. Praeterea et maximo spiritu, quo anhelamus,
vox non efficitur, et levi et non coartato spiritu, quotiens
volumus, efficitur. Non est igitur comprehensum quomodo fiat, aut quid sit omnino. Ut enim fatendum est
multa nesciri quae voluit Deus intellegentiam hominis
excedere, sic tamen multa esse quae possint et sensibus
percipi et ratione comprehendi.

SAINT AMBROSE

THE HEXAEMERON

I. Illa herba et flos faeni figura est carnis humanae, sicut bonus Divinitatis interpres organo suae vocis expressit, dicens, "Omnis caro faenum."
Et vere, viret enim gloria hominis in carne quasi faenum, et quae putatur esse sub- 5 limis, exigua quasi herba est, praematura ut flos, caduca quasi faenum; germinat vitae viriditatem in specie, non in fructu soliditatem, hilarioris vitae quasi flos praetendens iucunditatem, breviori spatio occasura, sicut herba faeni, quod priusquam evellatur, 10 arescit. Quae enim firmitudo in carne, quae salubritas potest esse diuturna?

The Grass, an Image of the Flesh

II. Hodie videas adulescentem validum, pubescentem, aetatis viriditate florentem, grata specie, suavi colore; crastina die tibi facie et ore mutatus occurrit, et qui pridie tibi lautissimus decorae formae visus est gratia, alio die 5 miserandus apparet aegritudinis alicuius infirmitate resolutus. Plerosque aut labor frangit, aut inopia macerat, aut cruditas vexat, aut vina corrumpunt, aut senectus debilitat, aut eviratos deliciae reddunt, aut studium decolorat. Nonne verum est quia aruit fae- 10

The Transitoriness of Life

num et flos decidit? Alius avis atavisque nobilis et maiorum honestatus infulis, prosapiae veteris clarus insignibus, amicis abundans, stipatus clientibus et utrumque latus tectus, producens maximam ac redu-
15 cens familiam, repente aliqua accidentis periculi mole turbatus, destituitur ab omnibus, a sodalibus derelinquitur, impugnatur a proximis. Ecce verum est quia sicut faenum vita hominis priusquam evellatur arescit.

III. Quae vero species pleni agri! Qui odor! Quae suavitas! Quae voluptas agricolarum! Quid digne explicare possumus, si nostro utamur allo-
The Beauty of the Field quio? Sed habemus Scripturae testimonia quibus agri suavitatem benedictioni et gratiae Sanctorum advertimus comparatam, dicente sancto Isaac, "Odor filii mei sicut odor agri pleni." Quid igitur describam purpurascentes violas, candida lilia, rutilantes rosas, depicta rura nunc aureis, nunc
10 variis, nunc luteis floribus, in quibus nescias utrum species amplius florum an vis odora delectet? Pascuntur oculi grato spectaculo, longe lateque odor spargitur cuius suavitate complemur. Unde divine Dominus ait, "Et species agri mecum est"; cum ipso est enim
15 quam ipse formavit. Quis enim alius artifex possit tantam rerum singularum exprimere venustatem? "Considerate lilia agri," quantus sit candor in foliis, quemadmodum stipata ipsa folia ab imo ad summum videantur assurgere; ut scyphi exprimant formam, ut
20 auri quaedam species intus effulgeat, quae tamen vallo

in circuitu floris obsaepta nulli pateat iniuriae. Si quis hunc florem decerpat et sua solvat in folia, quae tanti est artificis manus quae possit lilii speciem reformare? Quis tantus imitator naturae ut florem hunc redintegrare praesumat, cui Dominus tantum testimonium tulit ut diceret, " Nec Salomon in omni gloria sua sic vestiebatur sicut unum ex istis." Rex opulentissimus et sapientissimus inferior iudicatur quam huius floris pulchritudo.

IV. Diximus de herba faeni; nunc dicamus de ligno fructuoso faciente fructum secundum genus, cuius semen eius in ipso sit. Dixit et facta sunt, et subito ut supra floribus herbarumque viriditatibus, ita hic nemoribus terra vestita est. Concurrerunt arbores, consurrexere silvae, vertices repente montium fronduerunt. Hinc pinus, hinc cupressus in alta se extulerunt cacumina, cedri et piceae convenerunt. Abies quoque non contenta terrenis radicibus atque aerio vertice, etiam casus marinos tuto subitura remigio, nec solum ventis, sed etiam fluctibus certatura processit. Nec non et laurus assurgens odorem suum dedit numquam suo exuenda velamine. Umbrosae quoque ilices verticem protulerunt, inhorrentem comam hibernis quoque temporibus servaturae. Hoc enim in singulis privilegium natura denuit in reliquum, quod sub ictu mundi surgentis accepit. Et inde manet sua ilicibus praerogativa, manet cupressibus, ut nulli venti eas crinis sui honore despolient.

SELECTIONS FROM THE LATIN FATHERS

V. Surrexerat ante floribus immixta terrenis sine spinis rosa, et pulcherrimus flos sine ulla fraude verna-

The Rose

bat. Postea spina saepsit gratiam floris, tamquam humanae speculum praeferens
5 vitae, quae suavitatem perfunctionis suae finitimis curarum stimulis saepe compungat. Vallata est enim elegantia vitae nostrae et quibusdam sollicitudinibus obsaepta, ut tristitia adiuncta sit gratiae. Unde cum unusquisque aut suavitate rationis aut prosperioris cursus successi-
10 bus gratulatur, meminisse culpae eum convenit, per quam nobis in paradisi amoenitate florentibus spinae mentis animaeque sentes iure condemnationis ascripti sunt. Irrutiles igitur licet, O homo, aut splendore nobilitatis aut fastigio potestatis aut fulgore virtutis, semper
15 tibi spina proxima est, semper est sentis; semper inferiora tua respice; super spinas germinas, nec prolixa gratia manet; brevi unusquisque decurso aetatis flore marcescit.

VI. Inexplicabile est singularum rerum exquirere velle proprietates, et vel diversitates earum manifesta testificatione distinguere, vel latentes oc-

The Wonders of Water

cultasque causas indeficientibus aperire documentis. Una nempe atque eadem est aqua et in diversas plerumque sese mutat species. Aut inter arenas flava, aut inter cautes spumea, aut inter nemora viridantior, aut inter florulenta discolor, aut inter lilia fulgentior, aut inter rosas rutilantior,
10 aut in gramine liquidior, aut in palude turbidior, aut in fonte perspicacior, aut in mari obscurior, assumpto

locorum quibus influit colore, decurrit. Rigorem quoque pari ratione commutat, ut inter vaporantia ferveat, inter umbrosa frigescat, sole repercussa exaestuet, nivibus irrigata glaciali humore canescat. Quemadmodum autem sapor eius ipse convertitur, ut nunc asperior, nunc amarior, nunc vehementior, nunc austerior, nunc dulcior, pro specierum quibus infusa fuerit qualitate varietur? Asperatur immaturioribus succis, tunso cortice nucis, foliisque contritis; amarior fit absinthio, vino vehementior, austerior alliis; gravescit veneno, melle dulcescit. Si vero ei lentiscum, terebinthi quoque fructus, vel nucis interior pars misceatur, in olei mollem naturam facile transfunditur.

VII. Cum sit autem altrix omnium virgultorum, diversos singulis usus ministrat. Si radices alluat vel nubibus fusa descendat, discretas dat omnibus vires: radicem impinguat, caudicem provehit, ramos diffundit, folia virescere facit, fructuum alit semina, pomum augere consuevit. Ergo cum eadem sit omnium nutrix, alia arborum genera tristiores ferunt succos, alia dulciores, alia tardos, alia praematuros. Ipsae quoque inter se discrepant suavitate. Alia suavitas est in vinea, alia in olea, alia in cerasis, alia in ficu, discreta in malo, dispar in dactylo.

Its Uses

VIII. Tactus ipse aquae alibi lenis, alibi asperior, plerumque pinguior est. Pondere quoque distat frequenter ut specie. Nam plerisque locis gravior plerisque levior aestimatur. Non mirum igitur si cum ipsa

5 in se discrepet, discrepent etiam inter se lacrimae
arborum, quae eiusdem aquae alluvione generantur.
Et cum una sit omnium causa, diversus
singularum usus, diversa natura est.
Aliam vim habet cerasi arboris lacrima,
10 aliam lentisci. Disparem quoque balsami guttam
odorata Orientis ligna sudare produntur. Diversum quoque lacrimarum genus virgulta ferularum
in Aegypto ac Libya quadam vi naturae secretioris
illacrimant.

The Diversities of Water

IX. Consideremus cancrum. Quas cibi gratia praestigias instruit! Namque et ipse ostreo delectatur et
carnis eius epulum sibi quaerit. Sed quia ut
appetens cibi, ita prospiciens est periculi,
5 quoniam cum difficilis est venatio tum periculosa, difficilis, quia testis validioribus esca interior includitur,
nam velut muris quibusdam mollitiem carnis praecepti
imperialis interpres natura munivit, quam medio testarum quodam sinu concavo nutrit ac fovet, et quasi in
10 quadam valle diffundit, et ideo cassa omnia tentamenta
sunt cancri, quia aperire clausum ostreum nulla vi potest; et periculosum est, si chelam eius includat, ad
argumenta confugit, et insidias nova fraude molitur.
Itaque quia omnia genera delectatione mulcentur, ex-
15 plorat si quando ostreum remotis in locis ab omni vento,
contra solis radios diptychum illud suum aperiat et
reseret claustra testarum, ut libero aere visceris sui
voluptatem quandam capiat. Et tunc clanculo calculum
immitens, impedit conclusionem ostrei, ac sic aperta

The Crab

claustra reperiens, tuto inserit chelas, visceraque in- 20
terna depascitur.

X. Sunt ergo homines qui cancri usu in alienae usum circumscriptionis irrepant, et infirmitatem propriae virtutis astu quodam suffulciant; fratri dolum nectant et alterius pascantur aerumna. Tu autem propriis esto contentus, et aliena te damna non pascant. Bonus cibus est simplicitas innocentiae. Sua bona habens insidiari nescit alienis, nec avaritiae facibus inardescit, cui lucrum omne ad virtutem dispendium est, ad cupiditatem incendium. Et ideo beata est, si bona sua noverit, cum veritate paupertas, et omnibus praeferenda thesauris. Quia melius est exiguum datum cum Dei timore quam thesauri magni sine timore. Quantum est enim quod hominem alat? Aut si quaeris quod etiam aliis abundet ad gratiam, id quoque non multum est. Melior enim est hospitalitas in oleribus cum gratia quam vitulorum pinguium praeparatio cum discordia. Utamur ergo ingenio ad quaerendam gratiam et salutem tuendam, non ad alienam circumscribendam innocentiam. Licet nobis uti exemplis maritimis ad profectum nostrae salutis, non ad alienae periculum.

Men are like Crabs

XI. Veniamus ad Atlanticum mare. Quam ingentia illic et infinitae magnitudinis cete! Quae si quando supernatant fluctibus, ambulare insulas putes, montes

altissimos summis ad caelum verticibus eminere. Quae
non in acta nec in litoribus, sed in Atlantici maris
profundo feruntur videri, ut eorum con-
The Whales of the Atlantic — spectu nautae a navigandi in illis locis
praesumptione revocentur; nec secreta
elementorum adire sine supremo terrore
mortis usurpent.

XII. Sed iam assurgamus ipsi de profundo maris et
aliquantulum sermo noster emergat atque ad superiora
se subrigat. Spectemus ea quae usitata
Salt, Corals, Pearls, etc — multis et plena sint gratiae; quomodo aqua
in salis vertatur soliditatem, ut ferro saepe
caedatur. Quod de Britannicis salibus nihil mirum, qui
in speciem marmoris validi, eiusdem metalli niveo
candore resplendent, salubres corporis cibo et potui
nimis grati. Quomodo etiam non indecorus lapis coral-
lium in mari herba sit, si in aerem transferatur, in
lapidis firmitatem solidetur. Unde etiam ostreis pre-
tiosissimam margaritam natura infixerit, quomodo eam
maris aqua in tam molli carne solidaverit. Quae difficile apud reges inveniuntur, ea in litoribus quasi
vilia iacent vulgo, et in saxis asperis et cautibus colli-
guntur. Aureum etiam vellus aqua nutrit, et lanam in
memorati speciem metalli gignunt litora, cuius colorem
nullus adhuc eorum qui fucis diversis obducunt vellera imitari potuit; adeo naturae maritimae gratiam
humana implere nescit industria. Scimus qua sollicitudine vellera ovium etiam minus pretiosa curentur;
sint licet optima, nequaquam tamen his fucus innasci-

tur. Hinc naturalis color est quem nullus adhuc fucus aequavit. Sed et ipsi murices qui insigne dant regium sunt maritimi.

XIII. Et quae pratorum gratia vel hortorum amoenitas potest caerulei maris aequiparare picturam? Aurum licet in pratis flores refulgeant, auri quoque fulgorem in mari lana resplendet.

Excellencies of the Sea

Et illi cito marcescunt, ista diu duratura servatur. Lilia in hortis eminus nitent, vela in navibus; hic odor, illic ventus aspirat. Quae utilitas in folio! In navibus quanta commercia! Lilia suavitatem narium, vela hominum salutem invehunt. Adde pisces salientes et delphinas ludentes; adde rauco sonantes fluctus murmure; adice currentes naves ad litora vel de litoribus exeuntes. Et cum e carceribus mittuntur quadrigae, quanto studio spectantium et amore certatur! Equus tamen in vanum currit, non in vanum navigia. Ille in vanum quia vacuus; ista ad utilitatem quia plena frumenti. Quid iis gratius quae non verbere aguntur, sed ventorum spiramine; ubi nemo refragatur, sed omnes fautores sunt; ubi nemo vincitur quicumque pervenerit, sed omnes puppes quae pervectae fuerint coronantur, ubi palma merces salutis, victoria pretium regressionis est? Quantum enim distat inter directos cursus ac reflexos! Isti perpetuantur, hi resolvuntur. Adiunge remigiis contexta litora, quibus vexillum exeundi aura de caelo est. Itaque aurigae plausum inanem referunt; hi solvunt vota servati.

SELECTIONS FROM THE LATIN FATHERS

XIV. Quid de Iona dignum loquar quem cetus excepit ad vitam, reddidit ad prophetandi gratiam? Emendavit aqua quem terrena deflexerant; psallebat in utero ceti qui maerebat in terris. Et ut utriusque redemptio non praetereatur elementi, terrarum salus in mari ante praecessit, quia signum Filii hominis signum Ionae. Sicut iste in utero ceti, sic Dominus in corde terrae. In utroque remedium, maius tamen in mari pietatis
10 exemplum, quoniam exceperunt pisces quem homines refutarunt, et quem homines crucifixerunt pisces servarunt. Petrus quoque in mari titubat, sed non labitur; et confessus in fluctibus, tamen negavit in terris. Itaque illic quasi devotus manu apprehenditur; hic
15 quasi oblitus aspectu censorio convenitur. Sed iam rogemus Dominum ut sermo noster quasi Ionas eiciatur in terram, ne diutius in salo fluctuet. Certe plus nobis quam Ninivitis data est in aquis remissio peccatorum.

Piety of the Sea

PROOFS OF THE RESURRECTION

I. Tribus tamen evidentius colligitur resurrectionis fides, quibus omnia comprehenduntur: ratione, universitatis exemplo, testimonio rei gestae, quia plurimi surrexerunt.

Three Proofs

II. Ratio evidens est; quia cum omnis vitae nostrae usus in corporis animaeque consortio sit, resurrectio autem aut boni actus praemium habeat aut poenam improbi, necesse sit

Proof from Reason

SAINT AMBROSE

corpus resurgere, cuius actus expenditur. Quomodo 5
enim in iudicium vocabitur anima sine corpore, cum
de suo et corporis contubernio ratio praestanda sit?

III. Resurrectio omnibus attributa est; sed ideo
difficile creditur quia non nostrum meritum, sed Dei
munus est. Prima igitur resurrectionis fides

Proof from Nature usus est mundi, rerumque status omnium,
generationum series, successionum vices, 5
obitus ortusque signorum, diei et noctis occasus, eo-
rumque cotidie tamquam rediviva successio. Tempera-
menti quoque genitalis huius terrae aliter ratio subesse
non posset, nisi humoris ipsius quo omnia terrena
generantur, quantum diurni solis aestus excoqueret, 10
tantum rore nocturno dispositio divina repararet.
Nam quid de fructibus loquar? Nonne tibi videntur
occidere cum decidunt, resurgere cum revirescunt?
Quod satum est resurgit; quod mortuum est resurgit;
et in eadem genera, in easdem species reformatur. Hos 15
terra primum reddidit fructus, in his primum natura
nostra speciem resurrectionis imitata est.

IV. Quid dubitas de corpore corpus resurgere?
Granum seritur, granum resurgit; pomum decidit, pomum resurgit; sed flore granum induitur,

Doubt dispelled folliculoque vestitur. "Et hoc mortale
oportet induere immortalitatem, et hoc 5
corruptibile induere incorruptionem." Flos resurrectionis immortalitas est; flos resurrectionis incorruptio

est. Quid enim uberius quiete perpetua? Quid locupletius securitate diuturna? Hic est multiplex fructus, 10 cuius proventu pullulat fecundior hominum natura post mortem.

V. Sed miraris quemadmodum putrefacta solidentur, dispersa coeant, absumpta reparentur; non miraris quemadmodum semina vapore et compressu terrae soluta viridescant. Nam utique etiam ipsa terreno coalitu putrefacta solvuntur, et cum occaecata et mortua soli genitalis succus animaverit quodam calore vitali, spiritum quendam herbae viridantis exhalant. Deinde paulatim teneram spicae adolescentis aetatem culmo erigit, et 10 vaginis quibusdam natura tamquam sedula mater includit, ne pubescentem glacies adurat aspera, atque a nimio solis defendat ardore; frugem quoque ipsam adhuc quasi primis erumpentem cunabulis, mox adultam ne pluvia decutiat, ne aura dispergat, ne avium 15 minorum morsus interimat, vallo aristarum saepire consuevit.

Powers of the Earth

VI. Quid igitur miraris si homines quos acceperit terra restituat, cum seminum corpora quaecumque susceperit vivificet, erigat, vestiat, muniat, atque defendat? Desine ergo dubi- 5 tare quod depositum generis humani terrae fides reddat, quae commendata sibi semina usurario quodam faenore multiplicata restituat. Nam quid de generibus arborum

Providence

loquar, quae posito surgunt de semine, fructusque resolutos rediviva fecunditate resuscitant, et formae veteri atque imagini suae reddunt, multasque aetates quaedam arborum corpora reparata transmittunt, ut ipsa durando vincant saecula? Putrescere videmus acinum, vitem resurgere; surculus inseritur, arbor renascitur. An de reparandis arboribus divina est providentia, de hominibus nulla cura? Et qui ea quae ad usus hominum dedit, perire non passus est, hominem perire patietur, quem ad imaginem sui fecit?

VII. Sed incredibile tibi videtur ut mortui reviviscant. "Insipiens tu ipse quod seminas, nonne prius moritur, ut vivificetur?" Sere quemlibet fructum arentem, resuscitatur. Sed habet succum. Et nostrum corpus habet sanguinem suum, habet humorem suum. Hic nostri succus est corporis. Unde illud quoque explosum arbitror, quod arentem surculum quidam reviviscere negant, idque ad praeiudicium carnis derivare nituntur. Non enim caro arida, cum caro omnis e limo sit, limus in humore, humor e terris. Denique multa gignentia quamvis iugi serenitate humo arida arenosaque nascuntur, quoniam ipsa sibi terra humorem sufficit. Num igitur in hominibus terra degenerat, quae omnia regenerare consuevit? Unde claret non esse dubitandum quod secundum naturam magis quam contra naturam est; ex natura enim est resurgere nascentia omnia, contra naturam est interire.

VIII. Sequitur illud quod gentiles plerumque perturbat, quomodo fieri possit ut quos mare absorbuerit, ferae dilaceraverint, bestiae devoraverint, terra restituat. Quo ita demum veniatur necesse est ut non de fide resurrectionis, sed de parte dubitetur. Esto enim ut laceratorum corpora non resurgant, resurgunt ceteri; nec resurrectio destruitur si condicio excipitur. Miror tamen cur vel de his dubitandum putent, quasi non
10 omnia quae ex terris sunt in terram redeant et in terram resolvantur. Mare quoque ipsum quaecumque corpora humana demerserit vicinis exspuit unda plerumque litoribus. Quod ni ita esset, difficile, credo, Deo foret dispersa conectere, dissipata sociare, cui
15 mundus obtemperat, muta obsequuntur elementa, servit natura? Quasi non maioris miraculi sit limum animare quam iungere.

Proof from Fact

IX. Ostendit tibi Dominus etiam in Evangelio, ut iam ad exempla veniamus, quemadmodum resurgas. Non enim unum Lazarum, sed fidem omnium suscitavit; quod tu si credas cum legis, mens quoque tua, quae mortua fuerat, in illo Lazaro reviviscit. Quid enim sibi vult quod Dominus ad monumentum accessit, magna voce clamavit, " Lazare, exi foras," nisi ut futurae resurrectionis specimen praestaret, exemplum ederet? Cur voce
10 clamavit, quasi spiritu non soleat operari, quasi tacitus non soleat imperare? Sed ut illud ostenderet, quod scriptum est, " Quoniam in momento, in ictu oculi, in

Lazarus is called

SAINT AMBROSE

novissima tuba, et mortui resurgent incorrupti"; tubarum enim crepitus vocis metitur elatio. Et clamavit, "Lazare, exi foras." Cur etiam nomen additur, nisi 15 forte ne alius resuscitatus pro alio videretur, aut fortuita magis resurrectio quam imperata?

X. Audivit ergo defunctus et exivit foras de monumento, ligatus pedes et manus institis, et facies eius orario colligata erat. Comprehende, si potes, quemadmodum clausis oculis iter carpat, vinctis pedibus gradum dirigat, 5 inseparabili gressu, separabilique progressu. Manebant vincula, nec tenebant; tegebantur oculi, sed videbant. Videbat denique qui resurgebat, qui ambulabat, qui deserebat sepulcrum. Virtute enim divinae praeceptionis operante, natura suum non requirebat 10 officium; et tamquam in excessu posita, non iam suo ordini, sed divino nutui serviebat.

He comes forth

XI. Nec hoc solum exemplum edidit Dominus noster Iesus Christus, sed alios quoque resuscitavit, ut nos vel exemplis uberioribus crederemus. Resuscitavit adulescentem fletu viduae matris inflexus, quando accessit et tetigit loculum, 5 dicens, "Adulescens, tibi dico surge; et resedit qui erat mortuus, et coepit loqui." Statim ut audivit, statim resedit, statim locutus est. Alia ergo virtutis gratia, alius ordo naturae.

The Widow's Son

XII. Si miraris haec, disce quis imperaverit, ut mirari desinas. Iesus Christus Dei virtus; vita, lux, resurrectio mortuorum; virtus erexit iacentem, vita gressum extulit, lux fugavit tenebras, reparavit obtutum, resurrectio vivendi gratiam reformavit.

The Divine Power

XIII. Ergo et nostram resurrectionem etsi non credis fide, non credis exemplo, usu es crediturus. Et aliis quidem fructibus, ut viti, oleae, pomisque diversis anni aetas extrema habilis maturandis; nobis quoque mundi consummatio tamquam extremus anni finis accommodam resurgendi praescripsit aetatem. Et bene in consummatione mundi resurrectio mortuorum est, ne post resurrectionem in hoc malum nobis esset saeculum recidendum. Ideo enim Christus est passus ut nos ex hoc malo saeculo liberaret, ne iterum nos huius saeculi tentamenta subruerent, et obesset renasci si renasceremur ad culpam.

Time of the Resurrection

SAINT JEROME

LETTER TO HELIODORUS

I. Quanto amore et studio contenderim ut pariter in eremo moraremur conscium mutuae caritatis pectus agnoscit. Quibus lamentis, quo dolore, quo gemitu, te abeuntem prosecutus sim istae quoque litterae testes sunt, quas lacrimis cernis interlitas. Verum tu quasi parvulus delicatus, contemptum rogantis per blandimenta fovisti, et ego incautus quid tunc agerem nesciebam. Tacerem? Sed quod ardenter volebam, moderate dissimulare non poteram. Impensius obsecrarem? Sed audire nolebas quia similiter non amabas. Quod unum potuit spreta caritas fecit. Quem praesentem retinere non valuit nunc quaerit absentem. Quoniam igitur et tu ipse abiens postularas, ut posteaquam ad deserta migrassem, invitatoria ad te scripta transmitterem, et ego me facturum promiseram: Invito, iam propera. Nolo pristinarum necessitatum recorderis. Nudos amat eremus. Nolo te antiquae peregrinationis terreat difficultas. Qui in Christum credis, et eius crede sermonibus. " Quaerite primum regnum Dei, et haec omnia apponentur vobis." Non pera tibi sumenda, non virga est. Affatim dives est qui cum Christo pauper est.

Jerome's Love for Heliodorus (marginal note)

SELECTIONS FROM THE LATIN FATHERS

II. Sed quid ago? Rursus improvidus obsecro? Abeant preces, blandimenta discedant. Debet amor laesus irasci. Qui rogantem contempseras forsitan audies obiurgantem. Quid facis in paterna domo, delicate miles? Ubi vallum, ubi fossa, ubi hiems acta sub pellibus? Ecce de caelo tuba canit; ecce cum nubibus debellaturus orbem Imperator armatus egreditur; ecce bis acutus gladius ex regis ore procedens, obvia quaeque metit, et tu mihi de cubiculo ad aciem, tu de umbra egrederis ad solem. Corpus assuetum tunica loricae onus non fert. Caput opertum linteo galeam recusat. Mollem otio manum durus exasperat capulus. Audi edictum Regis tui: "Qui non est mecum contra me est; et qui mecum non colligit spargit." Recordare tirocinii tui diem quo, Christo in baptismate consepultus, in sacramenti verba iurasti pro nomine eius non te matri parciturum esse, non patri. Ecce adversarius in pectore tuo Christum conatur occidere. Ecce donativum quod militaturus acceperas hostilia castra suspirant. Neque vero nescio qua te dicas nunc compede praepediri. Non est nobis ferreum pectus, nec dura praecordia. Et nos per ista transivimus. Facile rumpit haec vincula amor Dei et timor gehennae. At contra Scriptura praecipit parentibus obsequendum; sed quicumque eos supra Christum amat perdat animam suam. "Mater mea et fratres mei hi sunt quicumque faciunt voluntatem Patris mei qui in caelis est." Si credunt in Christum, faveant mihi pro eius nomine pugnaturo. Si non credunt, mortui sepeliant mortuos suos.

A Rebuke

SAINT JEROME

III. Erras, frater, erras, si putas umquam Christianum persecutionem non pati. Cur timido animo Christianus es? Respice Petro relictum rete: respice surgentem de telonio publicanum, statim Apostolum. Filius hominis non habet ubi caput reclinet; et tu amplas porticus et ingentia tectorum spatia metiris? Hereditatem exspectans saeculi, coheres Christi esse non poteris. Interpretare vocabulum *Monachi;* hoc est nomen tuum. Quid facis in turba qui solus es? Et hoc ego, non integris rate vel mercibus, nec quasi ignarus fluctuum doctus nauta praemoneo, sed quasi nuper naufragio eiectus in litus timida navigaturis voce denuntio. In illo aestu Charybdis luxuriae salutem vorat. Ibi ore virgineo, ad pudicitiae perpetranda naufragia, Scyllaeum renidens libido blanditur. Hic barbarum litus, hic diabolus pirata cum sociis portat vincula capiendis. Nolite credere, nolite esse securi. Licet in modum stagni fusum aequor arrideat, licet vix summa iacentis elementi spiritu terga crispentur, magnos hic campus montes habet. Intus inclusum est periculum, intus est hostis. Expedite rudentes, vela suspendite. Crucis antemna figatur in frontibus. Tranquillitas ista tempestas est.

A Warning

IV. Sed forsitan dicturus es, "Quid ergo? Quicumque in civitate sunt Christiani non sunt?" Non est tibi eadem causa quae ceteris. Dominum ausculta dicentem, "Si vis perfectus esse, vade, vende omnia tua, et da pauperibus, et veni, sequere me." Tu autem perfectum te esse

The Standard of the Monk

pollicitus es. Nam cum derelicta militia tibi temperasti propter regna caelorum, quid aliud quam perfectam secutus es vitam? Perfectus autem servus
10 Christi nihil praeter Christum habet; aut si quid praeter Christum habet, perfectus non est. Et si perfectus non est cum se perfectum fore Deo pollicitus sit, ante mentitus est. "Os autem quod mentitur occidit animam." Igitur, ut concludam, si perfectus es,
15 cur bona paterna desideras? Si perfectus non es, Dominum fefellisti. "Qui dicit se in Christum credere debet quomodo ille ambulavit et ipse ambulare."

V. O desertum Christi floribus vernans! O solitudo, in qua illi nascuntur lapides de quibus in Apocalypsi civitas magni regis exstruitur! O eremus *The worldly Conflict* familiarius Deo gaudens! Quid agis frater in saeculo qui maior es mundo? Quamdiu te tectorum umbrae premunt? Quamdiu fumosarum urbium carcer includit? Crede mihi, nescio quid plus lucis aspicio. Libet, sarcina corporis abiecta, ad purum aetheris evolare fulgorem. Paupertatem times?
10 Sed beatos Christus pauperes appellat. Labore terreris? At nemo athleta sine sudore coronatur. De cibo cogitas? Sed fides famem non timet. Super nudam metuis humum exesa ieiuniis membra collidere? Sed Dominus tecum iacet. Squalidi capitis horret inculta
15 caesaries? Sed caput tuum Christus est. Infinita eremi vastitas te terret? Sed tu paradisum mente deambula. Quotienscumque illuc cogitatione conscenderis, totiens in eremo non eris. Scabra sine balneis attrahitur cutis,

sed qui in Christo semel lautus est, non illi necesse est
iterum lavare. Et ut breviter, ad cuncta audias
Apostolum respondentem, " Non sunt," inquit, " condignae passiones huius saeculi ad superventuram gloriam, quae revelabitur in nobis." Delicatus es, frater,
si et hic vis gaudere cum saeculo, postea regnare cum
Christo non poteris.

VI. Veniet, veniet illa dies, qua corruptivum hoc et
mortale incorruptionem induat et immortalitatem.
Tunc beatus servus quem Dominus invenerit vigilantem. Tunc ad vocem tubae pavebit terra cum populis, et tu gaudebis. Iudicaturo
Domino lugubre mundus immugiet, et tribus ad tribum
pectora ferient. Potentissimi quondam reges nudo latere palpitabunt. Exhibebitur cum prole sua Venus.
Tunc ignitus Iuppiter adducetur et cum suis stultus
Plato discipulis. Aristotelis argumenta non proderunt.
Tunc tu rusticanus et pauper exsultabis et ridebis et
dices: Ecce crucifixus meus, ecce iudex, qui obvolutus
pannis in praesaepio vagiit. Hic est ille operarii et
quaestuariae filius; hic qui matris gestatus sinu, hominem Deus fugit in Aegyptum; hic vestitus coccino; hic
sentibus coronatus; hic Magus, daemonium habens, et
Samarites. Cerne manus, Iudaee, quas fixeras; cerne
latus, Romane, quod foderas. Videte corpus, an idem
sit quod dicebatis clam nocte sustulisse discipulos.
Dilectio tua me compulit ut haec tibi frater dicerem,
et ut his interesse contingat, quibus nunc labor durus
est aggredere.

SELECTIONS FROM THE LATIN FATHERS

LETTER TO EUSTOCHIUM

I. Si cuncta corporis mei membra verterentur in linguas, et omnes artus humana voce resonarent, nihil dignum sanctae ac venerabilis Paulae virtutibus dicerem. Nobilis genere, sed multo nobilior sanctitate; potens quondam divitiis, sed nunc Christi paupertate insignior; Gracchorum stirps, suboles Scipionum, Pauli heres, cuius vocabulum trahit, Martiae Papiriae matris Africani vera et germana progenies, Romae praetulit Bethle-
10 hem, et auro tecta fulgentia informis luti vilitate mutavit. Non maeremus quod talem amisimus, sed gratias agimus quod habuimus, immo habemus; Deo enim vivunt omnia, et quidquid revertitur ad Dominum in familiae numero computatur.

Paula's Nobility

II. Testor Iesum et Sanctos eius, ipsumque proprium angelum qui custos fuit et comes admirabilis feminae, me nihil in gratiam, nihil more blandientium loqui, sed quidquid dicturus
5 sum, pro testimonio eius dicere, et minus eius esse meritis quam totus orbis canit, sacerdotes mirantur, virginum chori desiderant, Monachorum et pauperum turbae deplangunt. Vis, lector, eius breviter scire virtutes? Omnes suos pauperes, pauperior ipsa, dimisit.
10 Nec mirum de proximis et familiola quam in utroque sexu de servis et ancillis in fratres sororesque mutaverat, ista proferre, cum Eustochium virginem et devotam Christi filiam in cuius consolationem libellus hic

Her Merits

cuditur, procul a nobili genere, sola fide et gratia divitem reliquerit. 15

III. Postquam vir mortuus est, ita eum planxit ut prope ipsa moreretur; ita se convertit ad Domini servitutem ut eius mortem videretur optasse.
Her Self-denial and Devotedness Quid ego referam amplae et nobilis domus et quondam opulentissimae omnes paene 5 divitias in pauperes erogatas? Quid in cunctos clementissimum animum et bonitatem etiam in eos quos numquam viderat evagantem? Quis inopum moriens non illius vestimentis obvolutus est? Quis clinicorum non eius facultatibus sustentatus est? 10 Quos curiosissime tota urbe perquirens, damnum putabat si quisquam debilis et esuriens cibo sustentaretur alterius. Spoliabat filios, et inter obiurgantes propinquos maiorem se eis hereditatem, Christi misericordiam, dimittere loquebatur. 15

IV. Nec diu potuit excelsi apud saeculum generis et nobilissimae familiae visitationes et frequentiam sustinere. Maerebat honore suo, et ora laudantium declinare ac fugere festinabat.
Her Aversion to the World Cumque Orientis et Occidentis episcopos 5 ob quasdam ecclesiarum dissensiones Roman imperiales litterae contraxissent, vidit admirabiles viros Christique pontifices, Paulinum Antiochenae urbis episcopum, et Epiphanium Salaminae Cypri, quae nunc Constantia dicitur; quorum Epiphanium etiam hos- 10 pitem habuit; Paulinum in aliena manentem domo,

quasi proprium humanitate possedit. Quorum accensa
virtutibus per momenta patriam deserere cogitabat.
Non domus, non liberorum, non familiae, non posses-
15 sionum, non alicuius rei quae ad saeculum pertinet
memor, sola (si dici potest) et incomitata ad eremum
Antoniorum atque Paulorum pergere gestiebat.

V. Tandemque exacta hieme, aperto mari, redeun-
tibus ad ecclesias suas episcopis, et ipsa voto cum eis
ac desiderio navigavit. Quid ultra differo?
She repairs to the Desert Descendit ad portum, cognatis, affinibus,
et, quod his maius est, liberis prosequenti-
bus et clementissimam matrem pietate vincere cupien-
tibus. Iam carbasa tendebantur et remorum ductu
navis in altum protrahebatur. Parvus Toxotius sup-
plices manus tendebat in litore. Ruffina, iam nubilis, ut
10 suas exspectaret nuptias tacens fletibus obsecrabat.
Et tamen illa siccos tendebat ad caelum oculos, pieta-
tem in filios pietate in Deum superans. Nesciebat se
matrem, ut Christi probaret ancillam. Torquebantur
viscera et quasi a suis membris distraheretur; cum
15 dolore pugnabat, in eo cunctis admirabilior quod magnam vinceret caritatem. Inter hostium manus et
captivitatis duram necessitatem nihil crudelius est
quam parentes a liberis separari. Hoc contra iura naturae plena fides patiebatur, immo gaudens animus
20 appetebat; et amorem filiorum maiore in Deum amore
contemnens, in sola Eustochio, quae et propositi et
navigationis eius comes erat, acquiescebat. Sulcabat
interim navis mare, et cunctis qui cum ea vehebantur

litora respicientibus, ipsa aversos tenebat oculos, ne videret quos sine tormento videre non poterat. Fateor, nulla sic amavit filios, quibus, antequam proficisceretur, cuncta largita est, exheredans se in terra ut hereditatem inveniret in caelo.

VI. Quid agimus, anima? Cur ad mortem eius venire formidas? Iamdudum prolixior liber cuditur dum timemus ad ultima pervenire, quasi tacentibus nobis et in laudibus illius occupatis differi possit occubitus. Huc usque prosperis navigavimus ventis, et crispantia maris aequora labens carina sulcavit. Nunc in scopulos incurrit oratio, et tumentibus fluctuum montibus praesens utrique nostrum intentatur naufragium ita ut cogamur dicere, "Praeceptor, salvos nos fac, perimus." Et illud, "Exsurge, ut quid obdormis, Domine?" Quis enim possit siccis oculis Paulam narrare morientem? Incidit in gravissimam valetudinem; immo quod optabat invenit, ut nos desereret et plenius Domino iungeretur. In quo languore Eutochii filiae probata semper in matrem pietas magis ab omnibus comprobata est. Ipsa assidere lectulo, flabellum tenere, sustentare caput, pulvillum supponere, fricare pedes, mollia strata componere, aquam callidam temperare, mappulam apponere, omnium ancillarum praevenire officia, et quidquid alia fecisset de sua mercede putare subtractum. Quibus illa precibus, quibus lamentis et gemitu inter iacentem matrem et specum Domini discurrit, ne privaretur tanto contubernio, ne illa absente

25 viveret, ut eodem feretro portaretur? Sed, O mortalium fragilis et caduca natura, et nisi Christi fides nos extollat ad caelum et aeternitas animae promittatur, cum bestiis et iumentis corporum una condicio est. Idem occubitus iusto et impio, bono et malo,
30 mundo ac immundo, sacrificanti et non sacrificanti. Sicut bonus, ita et qui peccat. Sicut qui iurat, ita et is qui iuramentum metuit. Similiter et homines et iumenta in favillam et cinerem dissolvuntur.

VII. Quid diu immoror et dolorem meum differendo facio longiorem? Sentiebat prudentissima feminarum adesse mortem, et frigente alia parte corporis atque membrorum solum animae
5 teporem in sacro pectore palpitare; nihilominus quasi ad suos pergeret, alienosque desereret, illos versiculos susurrabat, "Domine, dilexi decorem domus tuae et locum habitationis gloriae tuae," et "Quam dilecta tabernacula tua, Domine virtutum, concupiscit et defi-
10 cit anima mea in atria Domini," et "Elegi abiecta esse in domo Dei mei, magis quam habitare in tabernaculis peccatorum." Cumque a me interrogaretur cur taceret, cur nollet respondere, an doleret aliquid, Graeco sermone respondit nihil se habere molestiae, sed omnia
15 quieta et tranquilla perspicere. Post haec obmutuit, et clausis oculis quasi iam mortalia despiceret, usque ad exspirationem animae eosdem repetebat versiculos, ut quod dicebat vix audire possemus; digitumque ad os tenens, Crucis signum pingebat in labiis. Defecerat
20 spiritus, et anhelabat in mortem, animaque erumpere

Her Death

gestiens ipsum stridorem quo mortalium vita finitur in laudes Domini convertebat. Aderant Ierosolymorum et aliarum urbium episcopi, et sacerdotum inferioris gradus ac Levitarum innumerabilis multitudo. Omne monasterium virginum et monachorum chori repleverant. Statimque ut audivit Sponsum vocantem, " Surge, veni, proxima mea, speciosa mea, columba mea; quoniam, ecce, hiems transiit et recessit, pluvia abiit sibi," laeta respondit, " Flores visi sunt in terra, tempus sectionis advenit " et " Credo videre bona Domini in terra viventium."

VIII. Ex hinc non ululatus, non planctus, ut inter saeculi homines fieri solet, sed Psalmorum linguis diversis examina concrepabant. Translataque episcoporum manibus et cervicem feretro subicientibus, cum alii pontifices lampadas cereosque praeferrent, alii choros psallentium ducerent, in media ecclesia speluncae Salvatoris est posita. Tota ad funus eius Palaestinarum urbium turba convenit. Quem monachorum latentium in eremo cellula sua tenuit? Quem virginum cubiculorum secreta texerunt? Sacrilegium putabat qui non tali feminae ultimum reddidisset officium. Viduae et pauperes in exemplum Dorcadis vestes ab ea praebitas ostendebant. Omnis inopum multitudo matrem et nutriculam se perdidisse clamabat. Quodque mirum sit, nihil pallor mutaverat faciem, sed ita dignitas quaedam et gravitas ora compleverat ut eam putares non mortuam, sed dormientem. Graeco, Latino, Syroque sermone Psalmi in ordine per-

sonabant, non solum triduo, donec subter ecclesiam et
20 iuxta specum Domini conderetur, sed per omnem hebdomadam, cunctis qui venerant suum funus et proprias
credentibus lacrimas. Venerabilis virgo filia eius Eustochium, quasi ablactata super matrem suam, abstrahi a
parente non poterat; deosculari oculos, haerere vultui,
25 totum corpus amplexari, et se cum matre velle sepeliri.

IX. Testis est Iesus ne unum quidem nummum ab
ea filiae derelictum, sed, ut ante iam dixi, derelictum
magnum aes alienum et, quod his difficilius
Her Glory
est, fratrum et sororum immensam multitu-
5 dinem, quos sustentare arduum et abicere impium est.
Quid hac virtute mirabilius, feminam nobilissimae
familiae, magnis quondam opibus, tanta fide omnia
dilargitam ut ad egestatem paene ultimam perveniret?
Iactent alii pecunias et in corbonam Dei aera congesta,
10 funalibusque aureis dona pendentia. Nemo plus dedit
pauperibus quam quae sibi nihil reservavit. Nunc illa
divitiis fruitur et his bonis, " Quae nec oculus vidit,
nec auris audivit, nec in cor hominis ascenderunt."
Nostram vicem dolemus, et invidere potius gloriae eius
15 videbimur si voluerimus diutius flere regnantem.

X. Secura esto, Eustochium; magna hereditate di-
tata es. Pars tua Dominus; et quo magis gaudeas,
Her Daughter's mater tua longo martyrio coronata est.
Inheritance Non solum enim effusio sanguinis in con-
5 fessione reputatur, sed devotae quoque mentis servitus
immaculata cotidianum martyrium est. Illa corona

SAINT JEROME

de rosis et violis plectitur, ista de liliis. Unde et in Cantico scribitur Canticorum, " Fratruelis meus candidus et rubicundus," et in pace et in bello eadem praemia vincentibus tribuens. Mater, inquam, tua audivit cum Abraham, " Exi de terra tua et de cognatione tua, et veni in terram quam ostendam tibi." Et per Ieremiam Dominum praecipientem, " Fugite de medio Babylonis, et salvate animas vestras." Et usque ad diem mortis suae non est reversa in Chaldaeam, nec ollas Aegypti et virulentias carnium desideravit, sed choris comitata virgineis civis est Salvatoris effecta, et de parvula Bethlehem caelestia regna conscendens dicit ad veram Noemi, " Populus tuus, populus meus, et Deus tuus, Deus meus."

XI. Hunc tibi librum ad duas lucubratiunculas eodem quem tu sustines dolore dictavi. Nam quotienscumque stilum figere volui et opus exarare promissum, totiens obriguerunt digiti, cecidit manus, sensus elanguit. Unde et inculta oratio votum scribentis absque ulla elegantia et verborum lepore testatur.

Jerome's Farewell

Vale, O Paula, et cultoris tui ultimam senectutem orationibus iuva. Fides et opera tua Christo te sociant; praesens facilius quod postulas impetrabis. " Exegi monumentum aere perennius," quod nulla destruere possit vetustas. Incidi elogium sepulcro tuo, quod huic volumini subdidi, ut, quocumque noster sermo pervenerit, te laudatam, te in Bethlehem conditam lector agnoscat.

SAINT LEO THE GREAT

THE VIRTUE OF FASTING

I. Si fideliter, dilectissimi, atque sapienter creationis nostrae intellegamus exordium, inveniemus hominem ideo ad imaginem Dei conditum ut imi-
Man, after the Image of God tator sui esset Auctoris; et hanc esse naturalem nostri generis dignitatem, si in nobis quasi in quodam speculo divinae benignitatis forma resplendeat. Ad quam utique nos cotidie reparat gratia Salvatoris, dum quod cecidit in Adam primo erigitur in secundo. Causa autem reparationis
10 nostrae non est nisi misericordia Dei, quem non diligeremus nisi nos prior ipse diligeret et tenebras ignorantiae nostrae suae veritatis luce discuteret. Quod per sanctum Isaiam Dominus praenuntians ait, "Adducam caecos in viam quam ignorabant, et semi-
15 tas quas nesciebant faciam illos calcare. Faciam illis tenebras in lucem, et prava in directa. Haec verba faciam illis, et non relinquam eos." "Nos ergo diligamus Deum, quoniam ipse prior dilexit nos." Diligendo itaque nos Deus ad imaginem suam nos
20 reparat, et ut in nobis formam suae bonitatis inveniat dat unde ipsi quoque quod operatur operemur, accendens scilicet mentium nostrarum lucernas, et igne nos suae caritatis inflammans, ut non solum ipsum, sed etiam quidquid diligit diligamus. Nam si inter ho-

mines ea demum firma amicitia est quam morum 25
similitudo sociarit, cum tamen parilitas voluntatum
saepe in reprobos tendat affectus, quantum nobis optandum atque nitendum est ut in nullo ab iis quae
Deo sunt placita discrepemus! De quo dicit propheta,
" Quoniam ira in indignatione eius, et vita in voluntate 30
eius "; quia non aliter in nobis erit dignitas divinae
maiestatis nisi imitatio fuerit voluntatis.

II. Dicente itaque Domino, " Diliges Dominum
Deum tuum ex toto corde tuo, et ex tota mente tua, et
diliges proximum tuum sicut teipsum,"
Charity embraces all suscipiat fidelis anima Auctoris sui atque
Rectoris immarcescibilem caritatem, to- 5
tamque se etiam eius subiciat voluntati, in cuius operibus atque iudiciis nihil vacat a veritate iustitiae, nihil
a miseratione clementiae. Quoniam etsi magnis quis
laboribus et multis fatigetur incommodis, bona est illi
causa tolerandi qui se adversis vel corrigi intellegit 10
vel probari. Caritatis vero istius pietas perfecta esse
non poterit nisi diligatur et proximus. Quo nomine
non ii tantum intellegendi sunt qui nobis amicitia aut
propinquitate iunguntur, sed omnes prorsus homines
cum quibus nobis natura communis est, sive illi hostes 15
sint sive socii, sive liberi sive servi. Unus enim nos
Conditor finxit, unus nos Creator animavit; eodem
cuncti caelo et aere, iisdem fruimur diebus et noctibus;
cumque alii sint boni, alii mali, alii iusti, alii iniusti,
Deus tamen omnibus largitor, omnibus est benignus, 20
sicut Lycaoniis a Paulo et Barnaba apostolis dicitur

de providentia Dei, " Qui in praeteritis generationibus dimisit omnes gentes ingredi vias suas. Et quidem non sine testimonio semetipsum reliquit benefaciens eis, de
25 caelo dans pluviam et tempora fructifera, et implens cibo et laetitia corda nostra." Dedit autem nobis maiores diligendi proximi causas Christianae gratiae latitudo, quae se per omnes partes totius orbis extendens, dum neminem despectat, docet neminem negle-
30 gendum. Et merito etiam inimicos diligi, et pro persecutoribus sibi praecipit supplicari, qui ex omnibus cotidie gentibus, sacris olivae suae ramis germen inserens oleastri, de inimicis reconciliatos, de alienis adoptivos, de impiis facit iustos, " Ut omne genu flec-
35 tatur, caelestium, terrestrium et infernorum; et omnis lingua confiteatur, quia Dominus Iesus Christus in gloria est Dei Patris."

III. Cum ergo Deus bonos nos esse velit quia bonus est, nihil nobis debet de eius iudiciis displicere. Nam non per omnia illi gratias agere, quid est
God's Judgments are our Good
aliud quam ex quadam eum parte reprehendere? Audet enim plerumque humana insipientia adversus Creatorem suum, non solum de inopia, sed etiam de copia murmurare; ut et cum aliquid non suppetit, querela, et cum quaedam exuberant, sit ingrata. Multae messis dominus hor-
10 reorum suorum plenitudinem fastidivit et ad copiam vindemiae affluentis ingemuit, nec de magnitudine fructuum gratulatus, sed de vilitate conquestus est. Si autem parcior fuerit in susceptis terra seminibus, et

castigatiore proventu vites oleaeque defluxerint, accusantur anni, arguuntur elementa, et nec aeri parcitur 15
nec caelo, cum fideles et pios discipulos veritatis nihil magis commendet et muniat quam perseverans in Deum et indefessa laudatio, dicente Apostolo, " Semper gaudete, sine intermissione orate; in omnibus gratias agite. Haec enim voluntas Dei est in Christo 20 Iesu in omnibus vobis." Huius autem devotionis quemadmodum poterimus esse participes, nisi rerum varietas constantiam mentis exerceat ut amor directus in Deum nec inter secunda superbiat nec inter adversa deficiat? Quod placet Deo, placeat et nobis. De omni 25 mensura munerum eius gaudeamus. Qui bene usus est magnis, bene utatur et modicis. Tam nobis copia quam parcitate consulitur. Nec in spiritalibus lucris angustia gravabimur fructuum si fecunditas non arescat animorum. Oriatur de cordis agro quod terra non 30 edidit. Semper illi quod largiatur occurrit cui bene velle non deficit. Ad omnia igitur, dilectissimi, opera pietatis omnium nobis qualitas prosit annorum, nec benevolentiam Christianam difficultas temporalis impediat. Novit Dominus vasa hospitalis viduae in opus 35 pietatis suae vacuata complere; novit aquas in vina convertere; novit de paucissimis panibus quinque milia esurientium saturare populorum. Et ille qui in pauperibus suis pascitur, quae potuit augere dando potest multiplicare sumendo. 40

IV. Tria vero sunt quae maxime ad religiosas pertinent actiones, oratio scilicet, ieiunium, et eleemosyna,

quibus exercendis omne quidem tempus acceptum, sed
illud est studiosius observandum quod apostolicis accepimus traditionibus consecratum, sicut
etiam decimus hic mensis morem refert
veteris instituti, ut tria illa de quibus locutus sum diligentius exsequamur. Oratione enim pro-
pitiatio Dei quaeritur, ieiunio concupiscentia carnis
10 exstinguitur, eleemosynis peccata redimuntur; simul-
que per omnia Dei in nobis imago renovatur, si et in
laudem eius semper parati et ad purificationem nostram sine cessatione solliciti, et ad sustentationem
proximi indesinenter simus intenti. Haec triplex ob-
15 servantia omnium virtutum comprehendit effectus.
Haec ad imaginem et similitudinem Dei pervenit, et a
Spiritu Sancto inseparabiles facit. Quia in orationibus
permanet fides recta, in ieiuniis innocens vita, in eleemosynis mens benigna. Quarta igitur et sexta feria
20 ieiunemus; sabbato autem apud beatissimum apostolum Petrum vigilias celebremus, qui et orationes,
et ieiunia, et eleemosynas nostras precibus suis digna-
bitur adiuvare.

A triple Observance

EULOGY ON SAINTS PETER AND PAUL

I. Omnium quidem sanctarum sollemnitatum, dilectissimi, totus mundus est particeps, et unius fidei
pietas exigit ut quidquid pro salute universorum ges-
tum recolitur communibus ubique gaudiis celebretur.
5 Verumtamen hodierna festivitas praeter illam reveren-

tiam quam toto terrarum orbe promeruit speciali et
propria nostrae urbis exsultatione veneranda est, ut
ubi praecipuorum apostolorum glorificatus
<small>Rome, Mistress of Error, becomes Disciple of Truth</small> est exitus, ibi in die martyrii eorum sit
laetitiae principatus. Isti enim sunt viri 10
per quos tibi Evangelium Christi, Roma,
resplenduit, et quae eras magistra erroris facta es dis-
cipula veritatis. Isti sunt sancti patres tui verique
pastores qui te regnis caelestibus inserendam multo
melius multoque felicius condiderunt quam illi quorum 15
studio prima moenium tuorum fundamenta locata sunt;
ex quibus is qui tibi nomen dedit fraterna te caede
foedavit. Isti sunt qui te ad hanc gloriam provexerunt,
ut gens sancta, populus electus, civitas sacerdotalis et
regia, per sacram beati Petri sedem caput orbis effecta, 20
latius praesideres religione divina quam dominatione
terrena. Quamvis enim multis aucta victoriis ius imperii tui terra marique protuleris, minus tamen est quod
tibi bellicus labor subdidit quam quod pax Christiana
subiecit. 25

II. Deus namque bonus et iustus et omnipotens, qui
misericordiam suam humano generi numquam negavit,
omnesque in commune mortales ad cogni-
<small>Bound by Satan, she is freed by Christ</small> tionem sui abundantissimis semper bene-
ficiis erudivit, voluntariam errantium 5
caecitatem et proclivem in deteriora nequitiam secretiori consilio et altiori pietate miseratus
est, mittendo Verbum suum aequale sibi atque coaeternum. Quod, CARO FACTUM, ita divinam naturam

naturae univit humanae, ut illius ad infima inclinatio, nostra fieret ad summa provectio. Ut autem huius inenarrabilis gratiae per totum mundum diffunderetur effectus, Romanum regnum divina Providentia praeparavit, cuius ad eos limites incrementa perducta sunt quibus cunctarum undique gentium vicina et contigua esset universitas. Disposito namque divinitus operi maxime congruebat ut multa regna uno confoederarentur imperio, et cito pervios haberet populos praedicatio generalis quos unius teneret regimen civitatis. Haec autem civitas, ignorans suae provectionis auctorem, cum paene omnibus dominaretur gentibus, omnium gentium serviebat erroribus, et magnam sibi videbatur assumpsisse religionem quia nullam respuebat falsitatem. Unde quantum erat per diabolum tenacius illigata, tantum per Christum est mirabilius absoluta.

III. Nam cum duodecim apostoli, accepta per Spiritum Sanctum omnium locutione linguarum, imbuendum Evangelio mundum distributis sibi terrarum partibus suscepissent, beatissimus Petrus princeps apostolici ordinis ad arcem Romani destinatur imperii, ut lux veritatis, quae in omnium gentium revelabatur salutem, efficacius se ab ipso capite per totum mundi corpus effunderet. Cuius autem nationis homines in hac tunc urbe non essent? Aut quae usquam gentes ignorarent quod Roma didicisset? Hic conculcandae philosophiae opiniones, hic dissolvendae erant terrenae

Why she is made the See of Peter

sapientiae vanitates, hic confutandus daemonum cultus, hic omnium sacrificiorum impietas destruenda, ubi diligentissima superstitione habebatur collectum quidquid usquam fuerat variis erroribus institutum.

IV. Ad hanc ergo urbem tu, beatissime Petre apostole, venire non metuis, et consorte gloriae tuae Paulo apostolo aliarum adhuc ecclesiarum ordinationibus occupato, silvam istam frementium bestiarum et turbulentissimae profunditatis oceanum, constantior quam cum supra mare gradereris, ingrederis. Nec mundi dominam times Romam, qui in Caiphae domo expaveras sacerdotis ancillam. Numquid aut iudicio Pilati aut saevitia Iudaeorum minor erat vel in Claudio potestas vel in Nerone crudelitas? Vincebat ergo materiam formidinis vis amoris; nec aestimabas terrori cedendum dum horum saluti consulis quos susceperas diligendos. Hunc autem intrepidae caritatis affectum iam tunc profecto conceperas, quando professio tui amoris in Dominum trinae interrogationis est solidata mysterio. Nec aliud ab hac mentis tuae intentione quaesitum est quam ut pascendis eius quem diligeres ovibus cibum quo ipse eras opimatus impenderes.

The Fortitude and Charity of Peter and Paul

V. Augebant quoque fiduciam tuam tot signa miraculorum, tot dona charismatum, tot experimenta virtutum. Iam populos qui ex circumcisione crediderant erudieras; iam Antiochenam ecclesiam, ubi primum

SELECTIONS FROM THE LATIN FATHERS

5 Christiani nominis dignitas est orta, fundaveras; iam
Pontum, Galatiam, Cappadociam, Asiam, atque Bithy-
niam legibus evangelicae praedicationis im-
<small>Peter's previous Labors</small> buerás; nec aut dubius de proventu operis,
aut de spatio tuae ignarus aetatis, tro-
phaeum Crucis Christi Romanis arcibus in-
ferebas, quo te divinis praeordinationibus anteibant et
honor potestatis et gloria passionis.

VI. Ad quam beatus coapostolus tuus, vas electionis
et specialis magister gentium, Paulus occurrens, eodem
<small>Rome's Diadem</small> tibi consociatus est tempore, quo iam om-
nis innocentia, omnis pudor, omnisque liber-
5 tas sub Neronis laborabat imperio. Cuius furor, per omnium vitiorum inflammatus excessum, in hunc eum usque torrentem suae praecipitavit insaniae, ut primus
nomini Christiano atrocitatem generalis persecutionis
inferret, quasi per sanctorum neces gratia Dei posset
10 exstingui; quibus hoc ipsum erat maximum lucrum, ut
contemptus vitae huius occiduae perceptio fieret felicitatis aeternae. " Pretiosa " est ergo " in conspectu Domini mors sanctorum eius "; nec ullo crudelitatis genere
destrui potest sacramento Crucis Christi fundata religio.
15 Non minuitur persecutionibus Ecclesia, sed augetur, et
semper Dominicus ager segete ditiori vestitur dum
grana, quae singula cadunt, multiplicata nascuntur.
Unde duo isto praeclara divini seminis germina, in quantam subolem pullularint, beatorum milia martyrum pro-
20 testantur; quae apostolicorum aemula triumphorum
urbem nostram purpuratis et longe lateque rutilantibus

populis ambierunt, et quasi ex multarum honore gemmarum conserto uno diademate coronarunt.

VII. De quo praesidio, dilectissimi, divinitus nobis ad exemplum patientiae et confirmationem fidei praeparato, universaliter quidem in omnium sanctorum commemoratione laetandum est, sed in horum excellentia patrum merito est exsultantius gloriandum, quos gratia Dei in tantum apicem inter omnia Ecclesiae membra provexit ut eos in corpore cui caput est Christus quasi geminum constituerit lumen oculorum. De quorum meritis atque virtutibus, quae omnem loquendi superant facultatem, nihil diversum, nihil debemus sentire discretum, quia illos et electio pares, et labor similes, et finis fecit aequales. Sicut autem et nos experti sumus, et nostri probavere maiores, credimus atque confidimus, inter omnes labores istius vitae, ad obtinendam misericordiam Dei semper nos specialium patronorum orationibus adiuvandos, ut quantum propriis peccatis deprimimur, tantum apostolicis meritis erigamur; per Dominum nostrum Iesum Christum, cui est cum Patre et Sancto Spiritu eadem potestas, una divinitas, in saecula saeculorum.

Our Joy

SAINT BERNARD

THE VIRTUE OF HUMILITY

I. Olim sanctus Moyses, quoniam multum praesumebat de gratia et familiaritate quam invenerat apud Deum, aspirabat ad quandam visionem magnam ita ut diceret Deo, "Si inveni gratiam in oculis tuis, ostende mihi te ipsum." Accepit autem pro ea visionem longe inferiorem, ex qua tamen ad ipsam quam volebat posset aliquando pervenire. Filii quoque Zebedaei, in simplicitate cordis sui ambulantes, magnum aliquid et ipsi ausi sunt, sed ad gradum nihilominus sunt reducti per quem fuerat ascendendum. Oportet namque humiliter sentire de se nitentem ad altiora, ne, dum supra se attollitur, cadat a se nisi in se firmiter per veram humilitatem fuerit solidatus. Et quia nisi humilitatis merito maxima minime obtinentur, propterea qui provehendus est correptione humilatur humilitate mereatur. Tu ergo cum te humiliari videris, habeto id signum in bonum omnino argumentum gratiae propinquantis. Nam sicut ante ruinam exaltatur cor, ita ante exaltationem humiliatur. Sane utrumque legis, Deum scilicet et superbis resistere et humilibus dare gratiam.

God resisteth the Proud, and giveth Grace to the Humble

SAINT BERNARD

II. Quemadmodum enim si per ostium transeas cuius superliminare, ut ad intellegentiam loquar, nimium bassum sit, non nocet quantumcumque te inclinaveris; nocet autem si vel transversi digiti spatio plus quam ostii patitur mensura erexeris ita ut impingas et capite quassato collidaris; sic in anima non est plane timenda quantalibet humiliatio, horrenda autem nimiumque pavenda vel minima temere praesumpta erectio. Quamobrem noli te, homo, comparare maioribus, noli minoribus, noli aliquibus, noli uni. Quid scis enim, O homo, si unus ille quem forte omnium vilissimum atque miserrimum reputas, cuius vitam sceleratissimam ac singulariter foedissimam horres, et propterea illum putas spernendum non modo prae te, qui forte iam sobrie et iuste et pie vivere te confidis, sed etiam prae ceteris omnibus sceleratis tamquam omnium sceleratissimum, quid scis, inquam, si melior et te et illis mutatione dexterae Excelsi in se quidem futurus sit, in Deo vero iam sit? Et propterea non mediocrem, non vel paenultimum, non ipsum saltem inter novissimos eligere locum nos voluit; sed, " Recumbe," inquit, " in novissimo loco"; ut solus videlicet omnium novissimus sedeas, teque nemini non dico praeponas, sed nec comparare praesumas. En quantum malum venit de ignorantia nostri, utique peccatum diaboli et initium omnis peccati superbia.

Sit down in the lowest Place

III. Et quoniam non superbi vel arrogantes, sed humiles potius, qui de se praesumere nesciunt, martyrio idonei sunt, addit se etiam lilium esse convallium, id est, humilium coronam, specialem gloriam futurae exaltationis ipsorum huius eminentia floris designans. Erit namque cum " Omnis vallis implebitur, et omnis mons et collis humiliabitur "; et tunc candor ille vitae aeternae lilium plane non collium sed convallium apparebit. " Iustus germinabit sicut lilium," inquit Osee. Quis iustus nisi humilis? Denique cum se manibus Baptistae servi Dominus inclinaret, et ille expavesceret maiestatem, " Sine," inquit, " sic enim decet nos implere omnem iustitiam," consummationem profecto iustitiae in humilitatis perfectione constituens. Iustus ergo humilis, iustus convallis est. Et si humiles inventi fuerimus, germinabimus et nos sicut lilium et florebimus in aeternum ante Dominum.

The Lily of the Valley

IV. Nunc adverte verecundiam, qua nescio an quidquam gratius adverti in moribus hominum queat. Hanc primo omnium libet quodam modo in manibus sumere, et quasi speciosum quendam florem decerpere loco nostrisque apponere adulescentibus. Non quia non sit et in provectiori aetate omni studio retinenda, quae est certe omnium ornatus aetatum, sed quod tenerae gratia verecundiae in teneriori aetate amplius pulchriusque eniteat. Quid amabilius verecundo adulescente? Quam pulchra haec et quam splendida gemma morum in vita et vultu adulescentis! Quam vera et minime dubia bonae nuntia spei bonae indolis index! Virga disciplinae est

The Modesty of Youth

illi quae pudendis affectibus imminens lubricae aetatis
motus actusque leves coerceat, comprimat insolentes.
Quid ita turpiloquii et omnis deinceps turpitudinis
fugitans? Soror continentiae est. Nullum aeque mani-
festum indicium columbinae simplicitatis, et ideo etiam
testis innocentiae. Lampas est pudicae mentis iugiter
lucens, ut nil in ea turpe vel indecorum residere atten-
tet quod non illa ilico prodat. Ita expunctrix malorum
et propugnatrix puritatis innatae specialis gloria conscientiae est, famae custos, vitae decus, virtutis sedes,
virtutum primitiae, naturae laus, et insigne totius
honesti. Rubor ipse genarum, quem forte invexerit
pudor, quantum gratiae et decoris suffuso afferre
vultui solet?

V. "Sicut lilium inter spinas, sic amica mea inter
filias." O candens lilium! O tener et delicate flos!
Increduli et subversores sunt tecum; vide
quomodo caute ambules inter spinas. Ple-

A Lily among Thorns

nus est mundus spinis: in terra sunt, in aere
sunt, in carne tua sunt. Versari in his et minime laedi,
divinae potentiae est, non virtutis tuae. Sed, "Confidite," inquit, "quia ego vici mundum." Etsi igitur undique tibi intendi prospicias tribulationum tamquam
tribulorum aculeos, non turbetur cor tuum neque for-
midet, sciens "quia tribulatio operatur patientiam,
patientia probationem, probatio spem, spes autem non
confundit." Considera lilia agri, quomodo inter spinas
vigent et nitent. Si faenum quod hodie est et cras in
clibanum mittitur Deus sic custodit, quanto magis

amicam et sponsam suam carissimam? Denique custodit Dominus omnes diligentes se. "Sicut lilium inter spinas, sic amica mea inter filias." Non mediocris titulus profecto virtutis inter pravos vivere bonum, et inter malignantes innocentiae retinere candorem et morum lenitatem; magis autem si his qui oderunt pacem pacificum et amicum ipsis te exhibeas inimicis. Id plane tibi similitudinem datam de lilio iure quodam proprietatis specialiter vindicabit quod ipsas utique pungentes se spinas candore proprio illustrare et venustare non cessat. An non proinde lilium tibi videtur implere quodam modo Evangelii perfectionem, qua orare iubemur pro calumniantibus et persequentibus nos, benefacere his qui oderunt nos? Ergo et tu fac similiter, et erit anima tua amica Domini, et laudabit te, de te dicens quia "Sicut lilium inter spinas, sic amica mea inter filias."

VI. Tria sunt loca quae mortuorum animae pro diversis meritis sortiuntur, infernus, purgatorium, caelum. In inferno impii, in purgatorio purgandi, in caelo perfecti. Qui in inferno sunt redimi non possunt, quia in inferno nulla est redemptio. Qui in purgatorio sunt exspectant redemptionem, prius cruciandi, aut calore ignis, aut rigore frigoris, aut alicuius gravitate doloris. Qui in caelo sunt gaudio gaudent ad visionem Dei, Christi fratres in natura, coheredes in gloria, similes in aeternitate iucunda. Quia igitur primi redimi non merentur, tertii redemptione non indigent, restat ut ad medios

Three Regions of Souls

SAINT BERNARD

transeamus per compassionem, quibus iuncti fuimus per humanitatem.

VII. Vadam in istam regionem, et videbo visionem hanc grandem, quomodo pius Pater glorificandos filios in manu tentatoris relinquat, non ad occi-
Purgatory sionem, sed ad purgationem; non ad iram, sed ad misericordiam; non ad destructionem, sed ad in- 5 structionem ut iam non sint vasa irae apta in interitum, sed vasa misericordiae praeparata ad regnum. Surgam ergo in adiutorium illis, interpellabo gemitibus, implorabo suspiriis, orationibus intercedam, satisfaciam sacrificio singulari, ut si forte videat Dominus et iudicet, 10 laborem convertat in requiem, miseriam in gloriam, verbera in coronam. His enim et huiusmodi officiis potest eorum paenitentia resecari, finiri labor, destrui poena. Percurre ergo, quaecumque es fidelis anima, regionem expiationis, et vide quid in ea fiat; et in nundinis istis 15 fac sarcinam tuam affectum compatiendi.

VIII. Secunda regio est regio gehennalis. O regio dura et gravis, regio extimescenda, regio fugienda! Terra oblivionis, terra afflictionis, terra
Hell miseriarum, in qua nullus ordo, sed sempiternus horror inhabitat! Locus letifer, in quo ignis 5 ardens, ubi frigus rigens, vermis immortalis, fetor intolerabilis, mallei percutientes, tenebrae palpabiles, confusio peccatorum, innodatio vinculorum, horribiles daemonum facies! Totus tremo atque horreo ad memoriam istius regionis, et concussa sunt omnia ossa mea. 10

Quomodo cecidisti, Lucifer, qui mane oriebaris? Omnis lapis pretiosus operimentum tuum; modo subter te sternitur tinea, et operimentum tuum vermis. O Deus, quanta distantia inter operimentum pretiosi lapidis et
15 operimentum vermis, inter delicias paradisi et tineam corrodentem inferni! Scio quia paratus est ille ignis diabolo et angelis eius, et hominibus similibus eius, ubi sine fine finientur, sine morte morientur, torquebuntur sine cessatione. Vivens igitur in infernum descende;
20 percurre mentalibus oculis tormentorum officinas, fuge scelera et vitia, pro quibus scelerati homines et vitiosi perierunt. Habe odio iniquitatem, et dilige legem Domini, et in tam formidolosis nundinis fac sarcinam tuam odium peccati.

IX. Tertia regio est paradisus supercaelestis. O beata regio supernarum virtutum, ubi beata Trinitas a beatis facie ad faciem videtur, ubi illa sublimia agmina sublimi pennarum ap-
5 plausu, "Sanctus, sanctus, sanctus Dominus Deus sabaoth," clamare non cessant! Locus est voluptatis, ubi torrente voluptatis potantur iusti; locus splendoris, ubi iusti fulgent sicut splendor firmamenti; locus laetitiae, ubi laetitia sempiterna super capita eorum; locus abun-
10 dantiae, ubi nihil deest videntibus eum; locus suavitatis, ubi apparet Dominus suavis universis; locus pacis, ubi in pace factus est locus eius; locus admirationis, ubi sunt mirabilia opera eius; locus satietatis, ubi satiabimur cum apparuerit gloria eius; locus visionis, ubi vide-
15 bitur magna visio. O regio sublimis, plena divitiarum, de

Heaven

SAINT BERNARD

valle lacrimarum suspiramus ad te, ubi sapientia sine ignorantia, memoria sine oblivione, intellectus sine errore, ratio sine obscuritate splendebit. Regio in qua Dominus transiens ministrabit electis suis, id est, talem se qualis est ostendet. Illic erit Deus omnia in omnibus, ubi rerum universitas mirabiliter ordinata dabit Creatori gloriam, laetitiam creaturae. Curre igitur, spiritualis anima, oculis desideriorum per regionem istam, et vide Regem gloriae in decore suo gloriosum, stipatum legionibus angelorum, sanctorum ornatum agminibus, deponentem superbos, humiles exaltantem, damnantem daemones, homines redimentem, et dic, " Beati qui habitant in domo tua, Domine; in saecula saeculorum laudabunt te." Cum ergo mente perceperis tam pretiosas nundinas, mercimonia tam praeclara, construe sarcinam tuam amorem Dei. Vidisti regiones, animadvertisti nundinas, sarcinam construxisti, et beatus es. Negotiare ergo dum veniat Dominus Deus tuus ut ei dicere possis, " Domine, quinque talenta tradidisti mihi, ecce alia quinque superlucratus sum "; et audire merearis, " Intra in gaudium Domini tui," sponsi Ecclesiae, qui est benedictus in saecula.

X. Quattuor sunt genera hominum regnum caelorum possidentium. Alii violenter rapiunt, alii mercantur, alii furantur, alii ad illud compelluntur. Rapiunt qui dereliquerunt omnia et sequuntur Christum, de quibus dicitur, " Beati pauperes spiritu, quoniam ipsorum est regnum caelorum." Sunt alii inferioris

Four Kinds of Men possessing the Kingdom of Heaven

gradus, a quibus metuntur carnalia, dum eis spiritualia seminantur; et his loquitur in Evangelio Dominus,
10 " Facite vobis amicos de mammona iniquitatis, ut cum defeceritis, recipiant vos in aeterna tabernacula." Tales dicuntur mercatores, quia dant in praesenti pauperibus temporalia quae possident, ut in futuro recipiant ab eis aeterna, quae non nisi per eos habere
15 merentur. Necesse est enim omnes qui in futuro iudicio examinandi sunt vel esse Iudicis amicos vel apud Iudicem intercessores habere amicos. Habent ergo primum beatitudinis locum qui intercedunt; habent hi pro quibus intercedunt secundum. Sunt alii qui non-
20 nulla bona occulte faciunt, pro quibus merentur regnum caelorum; sed tamen furari illud dicuntur, quia laudem humanam vitantes solo divino testimonio contenti sunt. Horum figuram tenuit mulier in Evangelio quae fluxum sanguinis patiens cogitavit intra se,
25 dicens, " Si tetigero fimbriam vestimenti eius, salva ero." Quo dicto accessit occulte et tetigit, et salva facta est. Alii sunt qui compelluntur: verbi gratia ut pauperes necessarii, quos scilicet hic ignis paupertatis Deo dispensante purgat, ne in futuro ignis iudicii
30 puniat. De quibus scriptum est, " Compelle intrare, ut impleatur domus mea." Compelluntur multi variis necessitatibus et oppressionibus afflicti, qui mira Dei providentia, dum temporalem poenam, si non libenter, tamen patienter sustinent, vitam consequuntur
35 aeternam.

SAINT BERNARD

XI. Loquamur pauca et super hoc nomine quod interpretatum *maris stella* dicitur et matri Virgini valde convenienter aptatur. Ipsa namque aptissime sideri comparatur, quia, sicut sine sui corruptione sidus suum emittit radium, sic absque sui laesione virgo parturit Filium. Nec sideri radius suam minuit claritatem, nec Virgini Filius suam integritatem. Ipsa est igitur nobilis illa stella ex Iacob orta, cuius radius universum orbem il'uminat, cuius splendor et praefulget in supernis et inferos penetrat, terras etiam perlustrans et calefaciens magis mentes quam corpora, fovet virtutes, excoquit vitia. Ipsa, inquam, est praeclara et eximia stella, super hoc mare magnum et spatiosum necessario sublevata, micans meritis, illustrans exemplis. O quisquis, te intellegis in huius saeculi profluvio magis inter procellas et tempestates fluctuare quam per terram ambulare, ne avertas oculos a fulgore huius sideris, si non vis obrui procellis. Si insurgant venti tentationum, si incurras scopulos tribulationum, respice stellam, voca Mariam. Si iactaris superbiae undis, si ambitionis, si detractionis, si aemulationis, respice stellam, voca Mariam. Si iracundia, aut avaritia, aut carnis illecebra naviculam concusserit mentis, respice ad Mariam. Si criminum immanitate turbatus, conscientiae foeditate confusus, iudicii horrore perterritus, barathro incipias absorberi tristitiae, desperationis abysso, cogita Mariam. In periculis, in angustiis, in rebus dubiis, Mariam cogita, Mariam invoca. Non recedat ab ore, non recedat a corde; et ut impetres eius

Star of the Sea

orationis suffragium non deseras conversationis exemplum. Ipsam sequens non devias; ipsam rogans non desperas; ipsam cogitans non erras. Ipsa tenente non corruis; ipsa protegente non metuis; ipsa duce non fa-
35 tigaris; ipsa propitia pervenis; et sic in temetipso experiris quam merito dictum sit, " Et nomen Virginis Maria."

SAINT AUGUSTINE

CONFERENCE WITH HIS MOTHER

I. Impendente autem die quo ex hac vita erat exitura, quem diem tu noveras ignorantibus nobis, provenerat, ut credo, procurante te occul-
<small>On the Kingdom of Heaven</small> tis tuis modis, ut ego et ipsa soli staremus incumbentes ad quandam fenestram unde hortus intra domum quae nos habebat prospectabatur, illic apud Ostia Tiberina, ubi remoti a turbis post longi itineris laborem instaurabamus nos navigationi. Colloquebamur ergo soli valde dulciter; et praeterita obliviscentes, in ea quae ante sunt extenti, quaerebamus inter nos apud praesentem Veritatem, quod tu es, qualis futura esset vita aeterna Sanctorum, " quam nec oculus vidit nec auris audivit nec in cor hominis ascendit." Sed inhiabamus ore cordis in superna fluenta fontis tui, fontis vitae, qui est apud te, ut inde pro captu nostro aspersi quoquo modo rem tantam cogitaremus.

II. Cumque ad eum finem sermo perduceretur, ut carnalium sensuum delectatio quantalibet, in quantalibet luce corporea, prae illius vitae iucunditate non comparatione, sed ne commemoratione quidem digna

SELECTIONS FROM THE LATIN FATHERS

5 videretur, erigentes nos ardentiore affectu in idipsum, perambulavimus gradatim cuncta corporalia, et ipsum caelum, unde sol et luna et stellae lucent super terram. Et adhuc ascendebamus interius cogitando et loquendo et mirando 10 opera tua. Et venimus in mentes nostras et transcendimus eas, ut attingeremus regionem ubertatis indeficientis, ubi pascis Israel in aeternum veritatis pabulo, et ubi vita sapientia est per quam fiunt omnia ista, et quae fuerunt et quae futura sunt.

<small>Who is like unto God</small>

III. Dicebamus ergo, si cui sileat tumultus carnis, sileant phantasiae terrae et aquarum et aeris, sileant et poli, et ipsa sibi anima sileat et transeat se non se cogitando, sileant somnia et imaginariae revelationes, omnis lingua et omne signum et quidquid transeundo fit si cui sileat omnino — quoniam si quis audiat, dicunt haec omnia, "Non ipsa nos fecimus, sed fecit nos qui manet in aeternum."

<small>He hath made us who abideth forever</small>

IV. Dicebam talia, etsi non isto modo et his verbis, tamen, Domine, tu scis quod illo die cum talia loqueremur, et mundus iste nobis inter verba vilesceret cum omnibus delectationibus suis, tunc ait illa, "Fili, quantum ad me attinet, nulla iam re delector in hac vita. Quid hic faciam adhuc et cur hic sim nescio, iam consumpta spe huius saeculi. Unum erat propter quod in hac vita aliquantum immorari cupiebam, ut te Christianum

<small>Monica's Prayer</small>

Catholicum viderem, priusquam morerer. Cumulatius hoc mihi Deus meus praestitit, ut te etiam, contempta felicitate terrena, servum eius videam. Quid hic facio?"

V. Ad haec ei quid responderim, non satis recolo. Cum interea vix intra quinque dies aut non multo amplius decubuit febribus. Et cum aegro-
Her Ecstasy and Death taret, quodam die defectum animae passa est et paululum subtracta a praesentibus. Nos concurrimus, sed cito reddita est sensui, et aspexit astantes me et fratrem meum et ait nobis quasi quaerenti similis: "Ubi eram?" Deinde nos intuens maerore attonitos: "Ponetis hic," inquit, "matrem vestram?" Ego silebam et fletum frenabam. Frater autem meus quiddam locutus est, quo eam non peregre, sed in patria defungi tamquam felicius optaret. Quo audito, illa vultu anxio reverberans eum oculis, quod talia saperet, atque inde me intuens: "Vide," ait, "quid dicit." Et mox ambobus: "Ponite," inquit, "hoc corpus ubicumque; nihil vos eius cura conturbet; tantum illud vos rogo, ut ad Domini altare memineritis mei ubi fueritis." Cumque hanc sententiam verbis quibus poterat explicasset, conticuit; et ingravescente morbo exercebatur.

VI. Ego vero cogitans dona tua, Deus invisibilis, quae immittis in corda fidelium tuorum, et proveniunt inde fruges admirabiles, gaudebam et gratias agebam tibi, recolens, quod noveram, quanta cura semper

5 aestuasset de sepulcro quod sibi providerat et prae-
paraverat iuxta corpus viri sui. Quia enim valde con-
corditer vixerant, id etiam volebat, ut est
animus humanus minus capax divinorum,
adiungi ad illam felicitatem et commemo-
rari ab hominibus, concessum sibi esse post
transmarinam peregrinationem, ut coniuncta terra amborum coniugum terra tegeretur.

Her desire to be buried near her Husband

VII. Quando autem ista inanitas plenitudine bonitatis tuae coeperat in eius corde non esse nesciebam;
et laetabar admirans, quod sic mihi aperuisset; quamquam et in illo sermone nos-
5 tro ad fenestram cum dixit, " Iam quid hic facio? " non
apparuit desiderare in patria mori. Audivi etiam postea,
quod iam cum Ostiis essemus, cum quibusdam amicis
meis materna fiducia colloquebatur quodam die de contemptu vitae huius et bono mortis, ubi ipse non aderam;
10 illisque stupentibus virtutem feminae, quam tu dederas
ei, quaerentibusque utrum non formidaret tam longe a
sua civitate corpus relinquere, " Nihil," inquit, " longe
est Deo; neque timendum est ne ille non agnoscat in
fine saeculi unde me resuscitet." Ergo die nono aegri-
15 tudinis suae, quinquagesimo et sexto anno aetatis suae,
tricesimo et tertio aetatis meae, anima illa religiosa
et pia corpore soluta est.

Her Fortitude

VIII. Premebam oculos eius, et confluebat in praecordia mea maestitudo ingens et transfluebat in lacri-

mas; ibidemque oculi mei violento animi imperio
resorbebant fontem suum usque ad siccitatem, et in
tali luctamine valde male mihi erat. Tum 5
vero ubi efflavit extremum, puer Adeodatus
exclamavit in planctum, atque ab omnibus
nobis coercitus tacuit. Hoc · modo etiam
meum quiddam puerile quod labebatur in fletus iuvenili
voce cordis, coercebatur et tacebat. Neque enim decere 10
arbitrabamur funus illud questibus lacrimosis gemiti-
busque celebrare, quia his plerumque solet deplorari
quaedam miseria morientium aut quasi omnimodo ex-
stinctio. At illa nec misere moriebatur nec omnino
moriebatur. Hoc et documentis morum eius et fide non 15
ficta rationibusque certis tenebamus.

Augustine mourns his deceased Mother

IX. Quid ergo erat quod intus mihi graviter dolebat
nisi ex consuetudine simul vivendi dulcissima et caris-
sima repente dirupta vulnus recens? Gra-
tulabar quidem testimonio eius quod in ea
ipsa ultima aegritudine obsequiis meis interblandiens 5
appellabat me pium, et commemorabat grandi dilectionis affectu numquam se audisse ex ore meo iacula-
tum in se durum aut contumeliosum sonum. Sed tamen
quid tale, Deus meus, qui fecisti nos, quid comparabile
habebat honor a me delatus illi et servitus ab illa mihi? 10
Quoniam itaque deserebar tam magno eius solatio,
sauciabatur anima mea et quasi dilaniabatur vita, quae
una facta erat ex mea et illius.

Ties Sundered

X. Cohibito ergo a fletu illo puero, Psalterium arri-
puit Evodius et cantare coepit psalmum. Cui respon-

debamus omnis domus, "Misericordiam et iudicium
cantabo tibi, Domine." Audito autem quid ageretur,
convenerunt multi fratres ac religiosae
feminae, et de more illis quorum officium
erat funus curantibus, ego in parte ubi decenter poteram, cum eis qui me non deserendum esse
censebant, quod erat tempori congruum disputabam,
10 eoque fomento veritatis mitigabam cruciatum, tibi
notum, illis ignorantibus et intente audientibus et sine
sensu doloris me esse arbitrantibus. At ego in auribus
tuis, ubi eorum nullus audiebat, increpabam mollitiem
affectus mei, et constringebam fluxum maeroris, cede-
15 batque mihi paululum, rursusque impetu suo ferebatur,
non usque ad eruptionem lacrimarum nec usque ad
vultus mutationem, sed ego sciebam quid corde premerem. Et quia mihi vehementer displicebat tantum
in me posse haec humana, quae ordine debito et sorte
20 condicionis nostrae accidere necesse est, alio dolore
dolebam dolorem meum et duplici tristitia macerabar.

His double Grief

XI. Cum, ecce, corpus elatum est, imus, redimus sine
lacrimis. Nam neque in eis precibus quas tibi fudimus,
cum offerretur pro ea sacrificium pretii
nostri, iam iuxta sepulcrum posito cada-
vere priusquam deponeretur, sicut illic
fieri solet, nec in eis precibus ego flevi, sed toto die
graviter in occulto maestus eram, et mente turbata
rogabam te, ut poteram, quo sanares dolorem meum,
nec faciebas. Deinde dormivi et evigilavi et non parva
10 ex parte mitigatum inveni dolorem meum; atque ut

His Sorrow mitigated

eram in lecto meo solus, recordatus sum veridicos versus Ambrosii tui; tu es enim

> Deus, Creator omnium,
> Polique Rector, vestiens
> Diem decoro lumine, 15
> Noctem sopora gratia;
>
> Artus solutos ut quies
> Reddat laboris usui,
> Mentesque fessas allevet
> Luctusque solvat anxios. 20

XII. Atque inde paulatim reducebam in pristinum sensum ancillam tuam, conversationemque eius piam in te, et sancte in nos blandam atque morigeram, qua subito destitutus sum; et libuit flere in conspectu tuo de illa et pro illa, de me et pro me. Et dimisi lacrimas quas continebam, ut effluerent quantum vellent, substernens eas cordi meo; et requievit in eis, quoniam ibi erant aures tuae, non cuiusquam hominis superbe interpretantis ploratum meum. Et nunc, Domine, confiteor tibi in litteris. Legat qui volet, et interpretetur ut volet, et si peccatum invenerit, flevisse me matrem exigua parte horae, matrem oculis meis interim mortuam, quae me multos annos fleverat ut oculis tuis viverem, non irrideat; sed potius, si est grandi caritate, pro peccatis meis fleat ipse ad te Patrem omnium fratrum Christi tui.

He weeps in Secret

XIII. Ego autem, iam sanato corde ab illo vulnere in quo poterat redargui carnalis affectus, fundo tibi,

SELECTIONS FROM THE LATIN FATHERS

Deus noster, pro illâ famula tua longe aliud lacrimarum genus, quod manat de concusso spiritu consideratione periculorum omnis animae quae in Adam moritur. Quamquam illa in Christo vivificata, etiam nondum a carne resoluta, sic vixerit ut laudetur nomen tuum in fide moribusque eius, non tamen audeo dicere, ex quo eam
10 per Baptismum regenerasti, nullum verbum exisse ab ore eius contra praeceptum tuum. Et dictum est a Veritate Filio tuo, "Si quis dixerit fratri suo, Fatue, reus erit gehennae ignis." Et vae etiam laudabili vitae hominum, si, remota misericordia, discutias eam. Quia vero
15 non exquiris delicta vehementer, fiducialiter speramus aliquem apud te locum invenire indulgentiae. Quisquis autem tibi enumerat vera merita sua, quid tibi enumerat nisi munera tua? O si cognoscant se homines homines! Et qui gloriatur in Domino glorietur.

The Justice and Mercy of God

XIV. Ego itaque, laus mea et vita mea, Deus cordis mei, sepositis paulisper bonis eius actibus pro quibus tibi gaudens gratias ago, nunc pro peccatis matris meae deprecor te. Exaudi me per Medicinam vulnerum nostrorum quae pependit in Ligno et sedens ad dexteram tuam te interpellat pro nobis. Scio misericorditer operatam, et ex corde dimisisse debita debitoribus suis; dimitte illi et tu debita sua, si qua etiam contraxit per tot annos
10 post aquam salutis. Dimitte, Domine, dimitte obsecro, ne intres cum ea in iudicium. Superexaltet misericordia iudicium, quoniam eloquia tua vera sunt, et pro-

He prays for his Mother

SAINT AUGUSTINE

misisti misericordiam misericordibus. Quod ut essent
tu dedisti eis, qui misereberis cui misertus eris, et
misericordiam praestabis cui misericors fueris. 15

XV. Et credo iam feceris quod te rogo, sed volun-
taria oris mei approba, Domine. Namque illa imminente die resolutionis suae non cogitavit suum corpus sumptuose contegi, aut condiri aromatibus, aut monumentum electum concupivit aut curavit sepulcrum patrium. 5

How she was bound to Christ

Non ista mandavit nobis, sed tantummodo memoriam
sui ad altare tuum fieri desideravit, cui nullius diei
praetermissione servierat; unde sciret dispensari victimam sanctam, qua deletum est chirographum quod 10
erat contrarium nobis, qua triumphatus est hostis computans delicta nostra, et quaerens quod obiciat, et nihil
inveniens in illo in quo vincimus. Quis ei refundet innocentem sanguinem? Quis ei restituet pretium quo nos
emit, ut nos auferat ei? Ad cuius pretii nostri sacra- 15
mentum ligavit ancilla tua animam suam vinculo fidei.
Nemo a protectione tua dirumpat eam. Non se interponat nec vi nec insidiis leo et draco. Neque enim
respondebit illa nihil se debere, ne convincatur et
obtineatur ab accusatore callido; sed respondebit di- 20
missa debita sua ab eo cui nemo reddet, quod pro nobis
non debens reddidit.

XVI. Sit ergo in pace cum viro, ante quem nulli et
post quem nulli nupta est, cui servivit fructum tibi
afferens cum tolerantia, ut eum quoque lucraretur tibi.

SELECTIONS FROM THE LATIN FATHERS

Et inspira, Domine meus, Deus meus, inspira servis
tuis fratribus meis, filiis tuis dominis meis, quibus et
voce et corde et litteris servio, ut quotquot
haec legerint, meminerint ad altare tuum
Monicae, famulae tuae, cum Patricio quondam eius coniuge, per quorum carnem introduxisti me in hanc vitam, quemadmodum nescio.
Meminerint cum affectu pio parentum meorum in hac
luce transitoria, et fratrum meorum sub te Patre in
matre Catholica, et civium meorum in aeterna Ierusalem, cui suspirat peregrinatio populi tui ab exitu
usque ad reditum; ut quod a me illa poposcit extremum uberius illi praestetur in multorum orationibus
per confessiones quam per orationes meas.

He asks all a pious Remembrance

APOSTROPHE TO THE CHURCH

I. Desinite errare. . . . Nam Christianis haec data
est forma vivendi, ut diligamus Dominum Deum nostrum ex toto corde et ex tota anima et ex
tota mente, deinde proximum nostrum
tamquam nosmetipsos. " In his " enim " duobus praeceptis tota lex pendet, et omnes Prophetae." Merito,
Ecclesia Catholica, mater Christianorum verissima, non
solum ipsum Deum, cuius adeptio vita est beatissima,
purissime atque castissime colendum praedicas, nullam
nobis adorandam creaturam inducens, cui servire iubeamur; et ab illa incorrupta et inviolabili aeternitate, cui
soli homo subiciendus est, cui soli rationalis anima co-

Her Teaching

haerendo non misera est, excludens omne quod factum est, quod obnoxium commutationi, quod subditum tempori; neque confundens quod aeternitas, quod veritas, quod denique pax ipsa distinguit, nec rursum separans quod maiestas una coniungit; sed etiam proximi dilectionem atque caritatem ita complecteris ut variorum morborum quibus pro peccatis suis animae aegrotant omnis apud te medicina praepolleat.

II. Tu pueriliter pueros, fortiter iuvenes, quiete senes, prout cuiusque non corporis tantum, sed et animi aetas est, exerces ac doces. Tu parentibus filios libera quadam servitute subiungis, parentes filiis pia dominatione praeponis. Tu fratribus fratres religionis vinculo firmiore atque artiore quam sanguinis nectis. Tu omnem generis propinquitatem et affinitatis necessitudinem, servatis naturae voluntatisque nexibus, mutua caritate constringis. Tu dominis servos, non tam condicionis necessitate, quam officii delectatione doces adhaerere. Tu dominos servis, summi Dei communis Domini consideratione placabiles, et ad consulendum quam coercendum propensiores facis. Tu cives civibus, gentes gentibus, et prorsus homines primorum parentum recordatione, non societate tantum, sed quadam etiam fraternitate coniungis. Doces reges prospicere populis; mones populos se subdere regibus. Quibus honor debeatur, quibus affectus, quibus reverentia, quibus timor, quibus consolatio, quibus admonitio, quibus cohortatio, quibus disciplina, quibus obiurgatio, quibus supplicium, sedulo doces;

Her Training

ostendens quemadmodum et non omnibus omnia, et omnibus caritas, et nulli debeatur iniuria.

III. Merito apud te divina praecepta late diffuseque servantur. Merito apud te bene intellegitur quam sit gravius cognita quam incognita lege pec-
Her Power care. "Aculeus enim mortis peccatum,
5 virtus autem peccati lex," qua gravius feriat et interimat contempti praecepti conscientia. Merito apud te visum est quam sit sub lege operatio vana cum libido animum vastat, et cohibetur poenae metu, non amore virtutis obruitur. Merito tibi tam multi hospitales,
10 multi officiosi, multi misericordes, multi docti, multi casti, multi sancti, multi usque adeo Dei amore flagrantes, ut eos in summa continentia atque mundi huius incredibili contemptu etiam solitudo delectet.

IV. Nihil de iis dicam quos paulo ante commemoravi, qui secretissimi penitus ab omni hominum conspectu, pane solo qui eis per certa
Her Contemplatives intervalla temporum affertur et aqua contenti, desertissimas terras incolunt; perfruentes colloquio Dei, cui puris mentibus inhaeserunt, et eius pulchritudinis contemplatione beatissimi, quae nisi sanctorum intellectu percipi non potest. Nihil, inquam, de his loquar; videntur enim nonnullis
10 res humanas plus quam oporteret deseruisse, non intellegentibus quantum nobis eorum animus in orationibus prosit, et vita ad exemplum, quorum corpora videre non sinimur. Sed hinc disputare longum et

supervacaneum puto; nam hoc tam excellens fastigium
sanctitatis, cui non sua sponte mirandum et honoran- 15
dum videtur, oratione nostra videri qui potest?

V. Haec est etiam vita feminarum Deo sollicite
casteque servientium, quae habitaculis segregatae ac
remotae a viris quam longissime decet pia
Her Nuns
tantum illis caritate iunguntur et imitatione
virtutis. Ad quas iuvenum nullus accessus est, neque 5
ipsorum quamvis gravissimorum et probatissimorum
senum, nisi usque ad vestibulum necessaria praebendi
quibus indigent gratia. Lanificio namque corpus exer-
cent atque sustentant, vestesque ipsas fratribus tradunt,
ab iis invicem quod victui opus est resumentes. Hos 10
mores, hanc vitam, hunc ordinem, hoc institutum si
laudare velim, neque digne valeo; et vereor ne iudicare
videar per seipsum tantummodo expositum placere non
posse, si super narratoris simplicitatem cothurnum
etiam laudatoris addendum putavero. Haec reprehen- 15
dite, si potestis. Nolite caecis hominibus et discernere
invalidis ostentare nostra zizania.

VI. Neque tamen ita sese anguste habent Ecclesiae
catholicae mores optimi ut eorum tantum vita quos
commemoravi arbitrer esse laudandos.
Her Clergy
Quam enim multos episcopos optimos viros
sanctissimosque cognovi, quam multos presbyteros, 5
quam multos diaconos, et cuiuscemodi ministros divinorum Sacramentorum, quorum virtus eo mihi mirabilior

et maiore praedicatione dignior videtur, quo difficilius
est eam in multiplici hominum genere, et in ista vita
turbulentiore servare! Non enim sanatis magis quam
sanandis hominibus praesunt. Perpetienda sunt vitia
multitudinis ut curentur, et prius toleranda quam
sedanda est pestilentia. Difficillimum est hic tenere optimum vitae modum, et animum pacatum atque tranquillum. Quippe, ut breviter explicem, hi agunt ubi
vivere discitur, illi ubi vivitur.

VII. Nec ideo tamen laudabile Christianorum genus
contempserim, eorum scilicet qui in civitatibus degunt, a vulgari vita remotissimi. Vidi ego

Her Communities diversorium sanctorum Mediolani, non
paucorum hominum, quibus unus presbyter
praeerat vir optimus et doctissimus. Romae etiam
plura cognovi in quibus singuli gravitate atque prudentia et divina scientia praepollentes ceteris secum
habitantibus praesunt, Christiana caritate, sanctitate
et libertate viventibus; ne ipsi quidem cuiquam onerosi
sunt, sed Orientis more et Pauli apostoli auctoritate
manibus suis se transigunt. Ieiunia etiam prorsus incredibilia multos exercere didici, non cotidie semel
sub noctem reficiendo corpus, quod est usquequaque
usitatissimum, sed continuum triduum vel amplius
saepissime sine cibo ac potu ducere. Neque hoc in
viris tantum, sed etiam in feminis; quibus item multis
viduis et virginibus simul habitantibus, et lana ac tela
victum quaeritantibus, praesunt singulae gravissimae
probatissimaeque non tantum in instituendis compo-

SAINT AUGUSTINE

nendisque moribus, sed etiam instruendis mentibus peritae ac paratae.

VIII. Istis, si potestis, obsistite. Istos intuemini, istos sine mendacio, si audetis, et cum contumelia nominate; istorum ieiuniis vestra ieiunia,
Her Enemies castitati castitatem, vestitum vestitui, epulas epulis, modestiam modestiae, caritatem denique cari- 5 tati, et quod res maxime postulat, praeceptis praecepta conferte. Iam videbitis quid inter ostentationem et sinceritatem, inter viam rectam et errorem, inter fidem atque fallaciam, inter robur et tumorem, inter beatitudinem et miseriam, inter unitatem et conscissionem, 10 postremo quid inter superstitionis sirenas et portum religionis intersit.

OUR GOD

I. Nos Deum colimus, non caelum et terram, quibus duabus partibus mundus hic constat, nec animam
His Worship vel animas per viventia quaecumque diffusas; sed Deum qui fecit caelum et terram et omnia quae in eis sunt. 5

II. Illum Deum colimus, qui naturis a se creatis et subsistendi et movendi initia finesque constituit; qui rerum causas habet, novit, atque disponit;
His Benefits qui vim seminum condidit; qui rationalem animam, quod dicitur animus, quibus voluit viventibus 5 indidit; qui sermonis facultatem usumque donavit; qui

munus futura dicendi quibus placuit spiritibus imper-
tivit, et per quos placet ipse futura praedicit, et per
quos placet malas valetudines pellit; qui bellorum
10 quoque ipsorum, cum sic emendandum et castigandum
est genus humanum, exordiis, progressibus, finibusque
moderatur; qui huius mundi ignem vehementissimum
et violentissimum pro immensae naturae temperamento
et creavit et regit; qui universarum aquarum creator
15 et gubernator est; qui solem fecit corporalium claris-
simum luminum eique vim congruam et motum dedit;
qui ipsis etiam inferis dominationem suam potesta-
temque non subtrahit; qui terram fundat atque fecun-
dat; qui fructus eius animalibus hominibusque largitur;
20 qui causas non solum principales, sed etiam subse-
quentes novit atque ordinat; qui lunae statuit motum
suum; qui vias caelestes atque terrestres locorum muta-
tionibus praebet; qui humanis ingeniis quae creavit
etiam scientias artium variarum ad adiuvandam vitam
25 naturamque concessit; qui hominum coetibus, quem
focis et luminibus adhiberent, ad facillimos usus munus
terreni ignis indulsit. Sic itaque administrat omnia quae
creavit ut etiam ipsa proprios exercere et agere motus
sinat. Quamvis enim nihil esse possint sine ipso, non
30 sunt quod ipse. Agit autem multa etiam per Angelos;
sed non nisi ex se ipso beatificat Angelos. Ita quamvis
propter aliquas causas hominibus Angelos mittat, non
tamen ex Angelis homines, sed ex se ipso, sicut Angelos,
beatificat.

SAINT AUGUSTINE

III. Habemus enim ab illo, praeter huiuscemodi beneficia quae ex hac de qua nonnulla diximus administratione naturae bonis malisque largitur, magnum et bonorum proprium magnae dilectionis indicium. Quamquam enim, quod sumus, quod vivimus, quod caelum terramque conspicimus, quod habemus mentem atque rationem qua eum ipsum qui haec omnia condidit inquiramus, nequaquam valeamus actioni sufficere gratiarum, tamen quod nos oneratos obrutosque peccatis, et a contemplatione suae lucis aversos, ac tenebrarum, id est iniquitatis, dilectione caecatos, non omnino deseruit, misitque nobis Verbum suum, qui est eius unicus Filius, quo pro nobis assumpta carne nato atque passo, quanti Deus hominem penderet nosceremus, atque illo Sacrificio singulari a peccatis omnibus mundaremur, eiusque Spiritu in cordibus nostris dilectione diffusa, omnibus difficultatibus superatis in aeternam requiem et contemplationis eius ineffabilem dulcedinem veniremus, quae corda, quot linguae ad agendas ei gratias satis esse contenderint?

His ineffable Gift

IV. Quod si virtus ad beatam vitam nos ducit, nihil omnino esse virtutem affirmaverim nisi summum amorem Dei. Namque illud quod quadripartita dicitur virtus ex ipsius amoris vario quodam affectu, quantum intellego, dicitur. Itaque illas quattuor virtutes, quarum utinam ita sit in mentibus vis ut nomina in ore sunt omnium, sic etiam definire non dubitem, ut tempe-

The Cardinal Virtues

rantia sit amor integrum se praebens ei quod amatur;
10 fortitudo, amor facile tolerans omnia propter quod
amatur; iustitia, amor soli amato serviens, et propterea recte dominans; prudentia, amor ea quibus
adiuvatur ab eis quibus impeditur, sagaciter seligens.
Sed hunc amorem non cuiuslibet, sed Dei esse diximus,
15 id est summi boni, summae sapientiae, summaeque
concordiae. Quare definire etiam sic licet, ut temperantiam dicamus esse amorem Deo sese integrum incorruptumque servantem; fortitudinem, amorem omnia
propter Deum facile perferentem; iustitiam, amorem
20 Deo tantum servientem, et ob hoc bene imperantem
ceteris quae homini subiecta sunt; prudentiam, amorem bene discernentem ea quibus adiuvetur in Deum,
ab iis quibus impediri potest.

V. Tu itaque credens ista cave tentationes (quia
diabolus quaerit qui secum pereant); ut non solum
per eos qui extra Ecclesiam sunt non te
Temptations hostis ille seducat, sed etiam quos in ipsa
5 Ecclesia catholica videris male viventis, sive in pompa
et typho avaritiae atque superbiae, sive in aliqua vita
quam lex damnat et punit, non eos imiteris.

VI. Sed potius coniungaris bonis quos inventurus es
facile, si et tu talis fueris, ut simul colatis et diligatis
Deum gratis; quia totum praemium nos-
Companionship trum ipse erit, ut in illa vita bonitate eius
5 et pulchritudine perfruamur. Sed amandus est non sicut
aliquid quod videtur oculis, sed sicut amatur sapientia,

et veritas, et sanctitas, et iustitia, et caritas, et si quid
aliud tale dicitur; non quemadmodum sunt ista in hominibus, sed quemadmodum sunt in ipso fonte incorrup-
tibilis et incommutabilis sapientiae. Quoscumque ergo
videris haec amare, illis coniungere, ut per Christum qui
homo factus est, ut esset Mediator Dei et hominum,
reconcilieris Deo. Homines autem perversos, etiamsi
intrent parietes ecclesiae, non eos arbitreris intraturos
in regnum caelorum; quia suo tempore separabuntur, si
se in melius non commutaverint. Homines ergo bonos
imitare, malos tolera, omnes ama; quoniam nescis quid
cras futurus sit qui hodie malus est. Nec eorum ames
iniustitiam; sed ipsos ideo ama ut apprehendant iustitiam; quia non solum dilectio Dei nobis praecepta est,
sed etiam dilectio proximi, in quibus duobus praeceptis
tota Lex pendet et Prophetae.

VII. Quam non implet nisi qui donum acceperit
Spiritum Sanctum, Patri et Filio utique aequalem; quia
ipsa Trinitas Deus est, in quo Deo spes
omnis ponenda est. In homine non est

Our Hope

ponenda, qualiscumque ille fuerit. Aliud est enim ille a
quo iustificamur, aliud illi cum quibus iustificamur.
Non autem solum per cupiditates diabolus tentat, sed
etiam per terrores insultationum et dolorum et ipsius
mortis. Quidquid autem homo passus fuerit pro nomine
Christi, et pro spe vitae aeternae, et permanens tolera-
verit, maior ei merces dabitur; quod si cesserit diabolo,
cum illo damnabitur. Sed opera misericordiae cum pia

humilitate impetrant a Domino, ut non permittat servos suos tentari plus quam possunt sustinere.

VIII. Ista fidei simplicitate et sinceritate lactati nutriamur in Christo, et cum parvuli sumus, maiorum cibos non appetamus, sed nutrimentis sa-

Our Crown

luberrimis crescamus in Christo, accedenti-
5 bus bonis moribus et Christiana iustitia, in qua est caritas Dei et proximi perfecta et firmata; ut unusquisque nostrum de diabolo inimico et angelis eius triumphet in semetipso in Christo, quem induit. Quia perfecta caritas nec cupiditatem habet saeculi, nec timorem
10 saeculi, id est, nec cupiditatem ut acquirat res temporales, nec timorem ne amittat res temporales. Per quas duas ianuas intrat et regnat inimicus, qui primo Dei timore, deinde caritate pellendus est. Debemus itaque tanto avidius appetere apertissimam et eviden-
15 tissimam cognitionem veritatis quanto nos videmus in caritate proficere, et eius simplicitate cor habere mundatum, quia ipso interiore oculo videtur veritas: "Beati," enim, "mundo corde," inquit, "quia ipsi Deum videbunt." "Ut in caritate radicati et fundati
20 praevaleamus comprehendere cum omnibus Sanctis quae sit latitudo, et longitudo, et altitudo, et profundum; scire etiam supereminentem scientiam caritatis Christi, ut impleamur in omnem plenitudinem Dei." Et post ista cum invisibili hoste certamina, quoniam
25 volentibus et amantibus iugum Christi lene est, et scarcina eius levis, coronam victoriae mereamur.

ABBREVIATIONS USED IN THE NOTES

A = Aeneid
A.D. = Anno Domini
A. & G. = Allen and Greenough
An. = Annals
Apoc. = Apocalypse
App. = Appendix

B. = Bennett
Bk. = Book

c. = circa (*about*)
C. = Carmina (*Odes*)
Caes = Caesar
Cant. = Canticle of Canticles
Cat. = Catiline
Cf. = Confer (*compare*)
Chap. = Chapter
Cic. = Cicero
Comm. = Commentary
Conf. = Confessions
Cor. = Corinthians

De B. G. = De Bello Gallico
De Catech. Rud. = De Catechizandis Rudibus
De Civ. Dei = De Civitate Dei
decl. = declension
De Hab. Virg. = De Habitu Virginum
De Inv. Rhet. = De Inventione Rhetorica
De Laud. Virg. Mat. = De Laudibus Virginis Matris
De Mor. Eccl. = De Moribus Ecclesiae
De Mort. Pereg. = De Morte Peregrini
De Off. = De Officiis

De Praes. Haeret. = De Praescriptione Haereticorum
De Rep. = De Republica
De Sen. = De Senectute
Diog. Laer. = Diogenes Laertius
Div. Inst. = Divinae Institutiones
D. = D'Ooge

Eccles. = Ecclesiastes
Ecclus. = Ecclesiasticus
Ecl. = Eclogues
Ep. = Epistle
Eph. = Ephesians
Epod. = Epodes
etc. = et cetera
Exod. = Exodus
Ezech. = Ezechiel

F. = Fasti
ff. = following

G. = Georgics
Gal. = Galatians
Gen. = Genesis
Gk. = Greek
Gr. = Grammar

H. = Harkness
Heb. = Hebrews
Hex. = Hexaemeron
Hor. = Horace

ib. = ibidem (*in the same place*)
i.e. = id est (*that is*)
Isa. = Isaias

Jas. = James
Jer. = Jeremias

[121]

ABBREVIATIONS USED IN THE NOTES

Juv. = Juvenal

Lact. = Lactantius
Let. to Hel. = Letter to Heliodorus
Lib. = liber (*book*)
lit. = literally
Liv. = Livy

Matt. = Matthew
Metam. = Metamorphoses
Min. Fel. = Minucius Felix

n. = note
Nat. Hist. = Naturalis Historia

p. = page
pp. = pages
Par. = Paragraph
Paus. = Pausanias
Philip. = Philippians
PL. = Patrologia Latina
post-Aug. = post-Augustan
post-class. = post-classical
Prov. = Proverbs
Ps. = Psalms

R.R. = Rerum Rusticarum
Rom. = Romans

S. = Sermones
Sat. = Satires
Sc. = Scene
sc. = scilicet (*supply*)
Sec. = Section
Sen. = Seneca
Ser. = Sermons
Serv. = Servius
Shaks. = Shakspeare
sqq. = sequentes, sequentia
SS. = Saints

Tac. = Tacitus
Tert. = Tertullian
Thess. = Thessalonians
Tim. = Timothy
To the Mart. = To the Martyrs
Tom. = Tome (*Volume*)

Val. Max = Valerius Maximus
Verg. = Vergil
Virt. of Fast. = Virtue of Fasting
Vol. = Volume

Wis. = Wisdom

NOTES

TERTULLIAN (c. 160–230 A.D.)

Concerning the life of Quintus Septimius Florens Tertullianus there is little definite knowledge. Born at Carthage, about 160, where his father was serving as a proconsular centurion in the Roman army, he received as a youth a splendid academic training which fitted him for distinguished service as a lawyer and as a teacher of rhetoric. About the age of thirty-three he embraced the Catholic faith and, according to St. Jerome, was shortly afterwards ordained to the priesthood. Then began his energetic literary career. For some nine years his pen assailed the errors of paganism with such vigor, and set forth the beauties of the Catholic Church with such brilliance, that he has been acclaimed the first great Father of the Latin Church. His impatient, impetuous, inflammable mind, however, fired by the tantalizing jibes of co-religionists and fed by the venomous cunning of Satan, turned its powerful possessor against the Church, and he began attacking her with a violence almost equal to that with which he had attacked her enemies. Joining the Montanist fold, only to desert it after a short time, he founded a new sect known as the Tertullianists. Beyond the statement of St. Jerome that he lived to a decrepit old age, there is nothing to fix the exact date of his death. He was a prolific writer. His extant works fall into three classes — apologetic, polemic, and ascetic. Virile, bold, forcible, often involved, sometimes obscure, he is an author than whom no one probably ever more fully justified Buffon's phrase that "the style is the man." The selection presented is his beautiful letter "Ad Martyres," written about 197, four years after his entrance into the Church. In it he comforts and consoles some Christians who had been imprisoned for their faith, and were in

NOTES

daily expectation of death. It is an outpouring of a heart full of sympathy and love. See Migne, *PL.*, I. 619.

TITLE: there is some controversy as to whether the correct title is *Ad Martyres* or *Ad Martyras*, but since the question is of no consequence in the interpretation of the text, we leave the discussion of it to higher criticism.

I. 1. *martyres designati:* the Christian prisoners were as yet only *confessores;* their confession sealed by death would have made them *martyres.*

2. *mater Ecclesia:* the conception of the Church as a 'mother' is found repeatedly in the Fathers. St. Cyprian in his *De Unitate Ecclesiae,* VI, says, "One cannot have God as a Father, who has not the Church as a *mother.*" See also *Ep.* IX. 3: "mater nostra Ecclesia"; and St. Augustine, *Apostrophe to the Church,* I. 7, below: "Ecclesia, mater Christianorum verissima."

3. *de opibus suis:* members of the Church were wont to bring money to those condemned, wherewith they might purchase provisions or bribe the guards to ameliorate their condition. See St. Cyprian, *Passio SS. Perpetuae et Felicitatis,* V. 3.

5. *spiritum:* balances *carnis* in line 1, and shows the author striking at once *in medias res,* at the heart of his theme.

6. *educandum:* furthering the idea in line 2, the idea of the Church as a nursing mother. — *Carnem ... saginari ... spiritum esurire:* note that the thought uppermost in Tertullian's mind is the 'spiritual welfare' of the prisoners.

13. *dictata suggesta:* 'delicate' or 'cautious allusions,' 'advice,' or 'hints suggested.' Tertullian is careful not to give offence. For the use of *suggesta,* cf. "Unde talia suggerantur" (*Apologeticus,* XXVII), and "per suggestum Spiritus" (*De Resurrectione Carnis,* XL).

14. *nolite contristare:* cf. *Eph.* IV. 30.

18. *Domus ... diaboli:* 'the devil's house'; this is the first of five different aspects under which the martyrs' prison is viewed. See II. 15 and 42; III. 2 and 20, below. The five together illustrate the author's power of concentrated thought.

NOTES

21. *conculcetis: conculcare,* 'to crush with the heel,' i.e., 'to trample upon'; a strong word indicating the complete baffling of the Devil. The metaphor is taken from the victorious warrior trampling upon his prostrate foe. Cf. "Calcemus Caesaris hostem," Juv., *Sat.* X. 86. — *congressi:* a military term appropriate to Christian warfare. Cf. Verg., *A.* I. 475, where the youthful Troilus struggles with Achilles, "impar congressus Achilli"; ib. XII. 514: "Tres uno congressu et maestum mittit Onyten," also V. 809.

23. *scidiis:* ($\sigma\chi i\zeta\epsilon\iota\nu$), 'to split,' i.e., 'chips,' 'trifling discords,' or 'jealousies' against which Tertullian warns the prisoners.

26. *excantatus:* 'charmed,' normally in the sense of 'attracted' (Hor., *Epod.* V. 45), but here, 'charmed out,' i.e., 'repulsed.'

27. *ut vos committat:* 'so as to set you at variance'; this meaning of *committere* in patristic literature is not infrequent. See St. Cyprian, *Ep.* IX. 2. — *munitos:* cf. *congressi,* n. 21, above.

29. *pacem:* apostates from the Church were known as *lapsi;* hence they did not enjoy the 'peace' of the Church. Their reconciliation could be secured by confession and the performance of a suitable penance. Oftentimes a *libellus* or 'letter of recommendation,' from a confessor awaiting martyrdom, presented by the *lapsi* to the Ordinary, accelerated their reconciliation. See Cyprian, *Ep.* IX. 3, and XIV. 2.

32. *si forte:* 'perhaps,' 'perchance,' or 'it may be.'

II. 2. *parentes vestri:* internal evidence that the prisoners were young.

3. *mundo ... saeculo:* Tertullian not only avoids tautology in using the two words, but implies a fine distinction: *mundus* is the 'world,' the kingdom of 'sin' and 'death' as opposed to Christ's kingdom of 'holiness' and 'life'; *saeculum* refers to the things of 'time' as opposed to those of 'eternity.' The second *mundo* in line 6 recaptures both ideas which are sustained to the end of the chapter.

NOTES

14. *sustinet:* in the sense of *exspectat,* i.e., 'awaits,' 'looks for.'

15. *custodiarium:* (post-class.) 'a place of safety,' or 'a vantage-point,' the second aspect of the martyrs' prison. — *si forte:* cf. I. n. 32, above.

16. *lumen estis: Eph.* V. 8; *Matt.* V. 14. — *soluti: Gal.* V. 1.

18. *odor estis:* 2 *Cor.* II. 15.

19. *iudicaturi:* 1 *Cor.* VI. 2; *Wis.* I. 1.

22. *carceri:* i.e., by renouncing the prison he ensnares Satan in his own snare.

24. *aliquid ... lucreris:* cf. "He that loseth his life shall find it" (*Matt.* XVI. 25). And see St. Jerome, *Let. to Hel.,* V. n. 4, below.

26. *conversationem:* this word, like *disciplina,* is frequently used by the Fathers in the sense of 'conduct,' 'behavior,' 'mode of life,' etc. Cf. Tert., *De Praes. Haeret.* XXIII., "Utique *conversationis* fuit vitium, non *praedicationis.*"

27. *plus ... spiritus acquirit quam caro amittit:* Tertullian's immersion in the thought before him is almost a fault; cf. I. n. 6, above.

29. *curam Ecclesiae:* cf. I. n. 3, above.

30. *agapen:* a transliteration of the Greek ἀγάπη, the 'love-feast,' of the early Christians; here, 'love.' Cf. *Jude* I. 12.

31–38. An indication of Tertullian's intolerance of pagan customs.

32. *non sollemnes ... dies:* for these festal days, see Tert., *Ad Uxorem,* II. 6.

39. *eremus, -i,* m. and f.: a 'desert,' 'wilderness' (late Latin). Cf. St. Jerome, *Let. to Hel.,* I. n. 2. — *prophetis:* cf. *Mark* I. 4 ff. — *Dominus in secessu: Matt.* XIV. 13; *Mark* VI. 32; *Luke* IX. 10; *John* VI. 3. Cf. "Est in secessu longo locus" (Verg., *A.* I. 159).

41. *Gloriam ... demonstravit: Matt.* XVII. 2.

42. *Auferamus ... vocemus:* note the chiasmus and asyndeton. — *secessum:* 'a retreat,' the third aspect of the prison.

NOTES

45. *stadia opaca:* the 'shady walks,' of the recreation gardens. Cf. Verg., *A.* II. 725; ib. VI. 633. — *porticus longas:* picturesquely contrasted with the simple *via,* the 'way' that leads to God. Cf. *John* XIV. 6.

48. *in nervo:* the *nervus* was not only a 'fetter,' but an instrument of torture employed by the tyrants to bruise and break the limbs of their victims.

50. *Ubi autem . . . cor: Matt.* VI. 21.

III. 2. *ad militiam Dei:* 'to the military service of God': the fourth aspect of prison life. Cf. 2 *Tim.* II. 3. — *sacramenti verba:* the word *sacramentum* in the Fathers has various meanings: 'a sacred ordinance,' 'a symbol,' 'a creed,' 'a pledge,' 'a mystery,' or 'an oath.' As the soldier was bound to the service of his country by an oath (*sacramentum*), so likewise the soldier of Christ to the spiritual service of his Master by the baptismal 'oath' or vow of obedience. 'We were called to the military service of the living God, the moment that we pledged our faith according to the words of the Sacrament.'

4. *miles:* cf. St. Jerome, *Let. to Hel.,* II. ff., above.

6. *papilionibus:* from *papilio, -onis,* m., lit., 'a butterfly'; by transference 'a light tent,' 'a pavilion'; see *Numbers* XVI. 27. — *expeditis, substrictis:* the tents were folded and bound with ropes when moved from place to place; when camp was pitched the tents were 'unbound' (*expedire*), stretched, raised, and 'tied down' (*substringere*) to pickets driven into the ground.

7. *imbonitas:* (*in-bonitas*) 'inconvenience,' 'adversity' (post-class.); Harper's *Latin Dictionary* indicates (*) that this word is used nowhere else in Latin literature.

9. *ediscunt:* sc. *milites.*

10. *testudinem densando:* the *testudo* in military parlance signified either of two things: (*a*) A shelter formed by soldiers overlapping (*densando*) their shields upon their heads or against their sides as a protection against flying missiles; it resembled the shell of a tortoise (*testudo*); cf. Caes., *De B. G.* II. 6. (*b*) A

NOTES

kind of penthouse or weatherfend hastily constructed for shelter; cf. Caes., *De B. G.* V. 43.

11. *expavescunt:* note the strength of the *inchoative:* not even the 'beginnings' of terror should be engendered in the heart of a soldier by the hardships of war.

12. *caelum:* 'the open sky,' i.e., 'the cold, chilly air.' That the varied aspects of the heavens were observed by the ancients is indicated by Verg., *G.* I. 51: "varium caeli praediscere morem."

16. *Bonum agonem:* 'a good fight'; a metaphor taken from the athletic contests in the public games. Cf. 1 *Tim.* VI. 12. — *agonothetes:* (ἀγών, τίθημι), i.e., one placed over the game; the 'president,' 'superintendent,' 'judge,' 'umpire,' 'referee.'

17. *xystarches:* (ξυστάρχης) the manager of a ξυστός, a place for gymnastic exercises; hence a 'master,' 'trainer,' 'disciplinarian.' The term is elegantly chosen here, since it was to the assistance of the *Holy Ghost* that the martyrs owed their constancy. In I. 15, Tertullian had said, "Si enim non vobiscum nunc introisset," etc. For the different meanings of the word ξυστός, in Greek and Latin respectively, see Vitruvius VI. 10, where he says: "Ξυστός enim Graeca appellatione est porticus ampla latitudine in qua athletae per hiberna tempora exercentur. Nostri autem hypaethras ambulationes xystos appellant." — *corona aeternitatis:* 'your crown is the crown of eternity.'

18. *brabrium:* (βραβεῖον) a 'prize' awarded the victor; cf. 1 *Cor.* IX. 24. Transliterations are not infrequent. — *angelicac substantiae:* 'angelic essence,' i.e., their very being would be like that of the angels; cf. *Mark* XII. 25. — *politia:* (πολιτεία lit., 'the state'; here, 'citizenship' in the Kingdom of God. Cf *Philip.* III. 20.

19. *epistates:* (ἐπιστάτης) 'master,' 'lord.' Cf. n. 16, above.

20. *Spiritu unxit:* cf. 1 *John* II. 20. — *scamma:* 'a dugout,' i.e., part of the palaestra, a 'wrestling-ground,' the fifth aspect of the prison.

NOTES

24. *disciplinam:* (*discere*), 'schooling,' 'training.'

25. *vacent:* (*vacare*) to have spare time *for* building up strength.

28. *Et ... consequantur:* 1 *Cor.* IX. 25.

30. *palaestra:* cf. *scamma*, n. 20, above.

31. *stadium tribunalis:* 'the judgment-seat' of God.

IV. 1. *caro ... promptus: Matt.* XXVI. 41.

13. *contraponat: contraponere*, no perf., *positum*, 3, v., 'to place opposite,' 'to oppose to' (of rare occurrence). See Quintilian, IX. 3, 84.

17. *benedictae:* instead of *benedicti* as before, the women here being specially addressed.

18. *animo suo ducti:* exquisitely put; those who follow 'their own impulses' and suffer death for the sake of worldly glory, are not true martyrs; but they are true martyrs who yield up their lives 'at the bidding of God.'

19. *Lucretia:* all the examples of fortitude here enumerated by Tertullian to encourage and sustain the martyrs, are drawn from paganism. It is not that Christian examples were lacking, even at Carthage, for in the seventeenth letter of St. Augustine mention is made of Namphanio, who suffered martyrdom A.D. 180, and there is allusion to others who met the same fate. The selection is made on purpose to show that if worldly glory inspires heroism sufficient to endure the sufferings described, such sufferings should be regarded as naught in the gaining of a heavenly crown. See the close of the chapter: 'If the bit of glass be so precious, what must be the value of the true pearl?' For *Lucretia*, see Liv. I. 58; *Mucius,* Liv. II. 12; *Heraclitus,* Diog. Laer. IX. 3, 4; *Empedocles,* ib. VIII. 70; *Peregrinus,* Lucian, *De Mort. Pereg.; Dido,* Verg., *A.* IV. 504 sqq.; *Asdrubalis uxor,* Val. Max. III. 28; *Regulus,* Cic., *De Off.* III. 26, 99; *Cleopatra,* Hor., *C.* I. 37, 26; *meretrix Atheniensis,* i.e., 'Leaena,' Pausan. I. 23.

38. *cessit:* the word is used ironically.

41. *novissime:* in the sense of *postremo*.

NOTES

44. διαμαστίγωσις : these flagellations were regarded in heathen worship as inculcating fortitude. Consult Tertullian, *Apologeticus,* Chap. L., and Sen., *De Providentia,* IV. 10.

50. *si tantum terrenae gloriae licet:* 'if earthly glory is so highly valued,' etc.; for similar uses of the verb compare, "De Drusi hortis, quanti licuisse tu scribis" (Cic., *Att.,* XII. 23, 5), and

> unius assis
> Non umquam pretio pluris licuisse.
>
> Hor., *Sat.* I. 6, 13.

52. *ut ... contemnant: homines* is understood.

55. *margaritum:* a variant form of *margarita* (μαργαρίτης), 'pearl'; cf. *Matt.* XIII. 46; Tertullian, *Ad Uxorem,* lib. II cap. V.

56. *habeat:* i.e., *debeat; habere* in the sense of *debere* followed by the infinitive is common in Tertullian. Here, 'to be bound to,' 'obliged to,' 'to have to.' — *erogare:* in the sense of *impendere,* 'to spend,' or 'lay out.'

V. 2. *affectatio:* not only 'vanity' or 'display,' but even the mere semblance of them. Men seek the esteem of the world; Christians that of God.

5. *ad feras:* the magistrates, forgetting their dignity, descended to the shameful deeds of the arena. Cf. Juv., *Sat.* II. 143 ff.

8. *ad ignes ... auctoraverunt:* for these inhuman practises, see Juv. *Sat.* I. 155–156.

9. *tunica ardente:* cf. Juv., *Sat.* VIII. 235; criminals were covered with pitch and burned alive. See Farrar, *Early Days of Christianity,* chap. IV. p 46.

12. *in illo die:* cf. 2 *Tim.* IV. 8.

VI. 10. *expuncti:* 'having been erased' from a list, 'disposed of,' 'got rid of.' Cf. Tert., *De Corona,* I. 2: "Expungebantur in castris milites laureati."

12. *praesentia ... tempora:* a reference to the ruthless slaughter

NOTES

of Niger, Albinus, and their adherents in the reign of Sep. Severus. See Duruy, *History of Rome,* vol. VI. sec. II. pp. 486 and 500.

MINUCIUS FELIX (c. 155–220 A.D.)

We know even less concerning the life of Minucius Felix than concerning that of Tertullian. That he was a contemporary of Tertullian is certain, but whether his works appeared before or after those of the latter is not clear. He was a lawyer by profession and practised probably at Rome. The *Octavius,* from which our selection is taken, is an apologetic treatise in the form of a dialogue between the Christian Octavius Januarius, and the heathen Caecilius Natalis. In the debate Caecilius attempts to defend paganism against the tenets of Christianity, while Octavius shatters his opponent's arguments and sets forth the glories of the Church. At the end of the debate Caecilius admits his defeat. Our selection embodies passages from the lips of Octavius only. Its artistic form, graceful presentation, and practical lessons of glowing faith have endeared it to lovers of letters. See Migne, *PL.,* III. 232.

TITLE: the dialogue takes its name from its victorious contestant, Octavius.

I. 1. *Quid ... tam apertum ... quam esse aliquod numen,* etc.: the argument of design in proof of the existence of God has been frequently used by the Fathers, particularly by St. Augustine (*De Trinitate,* lib. XV. 4), and by St. Jerome (*In Eccles.* III.); among the pagans Cicero is especially fond of it; in his *De Natura Deorum,* lib. II., cap. II., we find the words of Octavius almost verbatim: " Quid enim potest esse tam apertum tamque perspicuum, cum caelum suspeximus, caelestiaque contemplati sumus, quam esse aliquod numen praestantissimae mentis, quo haec regantur? " For the same argument cf. also *De Haruspicum Responsis,* IX. 19, and *De Divinatione,* L. — *tam ... tam ... tam:*

NOTES

note the anaphora. Evidences of studied art abound in the *Octavius*.

3. *lustraveris:* 'thou shalt have surveyed.' This verb is originally used in describing the priest's 'going about' in the ceremony of purification. For its various meanings cf. Verg., *A.* I. 453; V. 578; VI. 231.

4. *aliquod numen:* Caecilius, the opponent of Octavius, has asserted that man's chief concern ought to be self-knowledge. Octavius rejoins that man, being but an effect of a cause, cannot know himself while ignorant of that cause. And since reason and speech chiefly differentiate man from the brute, he ought to make use of these in finding the Cause that produced him. Turning the mind's eye upon the marvellous phenomena of the universe, reveals ample proof of the existence of that Cause.

5. *inspiretur ... gubernetur:* the mental 'survey' or 'purification' discloses four distinct manifestations of a supreme Intelligence. The student may profitably read all of *Psalm* CIII., and compare *Acts* XVII. 25.

6. *Caelum ipsum vide:* cf. *Rom.* I. 20.

7. *quam ... quam ... vel ... vel:* the anaphora is of frequent occurrence in the *Octavius*. Cf. n. 1, above.

10. *libratio:* 'free-balancing,' 'design.'

12. *labore:* i.e., its 'eclipse'; cf. Verg., *G.* II. 478.

16. *inducant:* cf. Verg., *G.* I. 253.

17. *Quae singula,* etc.: note the stylistic features of this sentence, and see Bibliographical Note.

II. 1. *ordo temporum:* cf. Young, *Night Thoughts*, "Night" 9, line 1269:

> The course of Nature is the art of God.

3. *ver: testatur* is, of course, understood. Cf. *Acts* XIV. 14.

4. *hiberna olivitas:* 'the winter's olive-harvest'; the olives ripened in December.

7. *medium temperamentum:* 'the mean temperature.' Cf. Verg., *G.* II. 344–345, where spring is regarded as the season of

NOTES

repose between the storms of winter and the excessive heats of summer.

11. *Mari:* the disputants are seated by the sea at Ostia. — *intende . . . intuere:* note the climactic variety of verbs, indicating the intense earnestness of the speaker. — *lege litoris:* 'by the law of its shore.' Cf. "Who shut up the sea with doors...?" in *Job* XXXVIII. 8; *Prov.* VIII. 27. Allusions to Scriptural passages are frequent, yet Octavius does not employ revelation in his arguments with Caecilius.

24. *in arce compositi: in arce corporis* = 'the head.' Cf. Lactantius, *Formation of Man*, I. 16, below; *Ps.* VIII. 5–9; Shaks., *Hamlet*, II. 2, 309–313; and ib. III. 4, 55:

> See, what a grace was seated on his brow;
> Hyperion's curls; the front of Jove himself;
> An eye like Mars, to threaten and command;
> A station like the herald Mercury
> New-lighted on a heaven-kissing hill;
> A combination and a form indeed,
> Where every god did seem to set his seal,
> To give the world assurance of a man.

III. 5. *deflexa:* i.e., *propria*.

6. *inter se:* i.e., *inter nos*. A Grecism; cf. ἐν ἑαυτοῖς.

8. *Britannia sole deficitur:* the ancients believed that the nights on this island were longer than the days; cf. Caes., *De B. G.* V. 13.

12. *aliquam domum:* cf. 2 *Tim.* II. 20.

16. *dominum...pulchriorem:* cf. *Wis.* XIII. 1–3., and "A little philosophy inclineth man's mind to atheism; but depth in philosophy bringeth men's minds about to religion. For while the mind of man looketh upon second causes scattered, it may sometimes rest in them, and go no further; but when it beholdeth the chain of them, confederate and linked together, it must needs fly to Providence and Deity." — BACON, *Essays*, "Atheism."

IV. 2. *nec videmus:* cf. 1 *Tim.* VI. 16; *Rom.* I. 20.

6. *cum tonat,* etc.: cf. Ovid, *Metam.*, VII. 619.

NOTES

15. *Deum oculis carnalibus vis videre,* etc.; cf. Servius, *Comm. in Verg., A.* VI. 724: "animus invisibilis est, sicut etiam Deus, unde originem ducit."

17. *Deus...ignorat:* the objection of Caecilius as perceived from the next sentence.

20. *Deus longe est:* cf. *Acts* XVII. 27.

22. *Deo plena sint:* i.e., by His 'concurring' or 'sustaining' power.

23. *infusus est:* cf. *Acts* XVII. 28.

26. *claritudo violatur:* "Its brightness is never violated," i.e., even the 'blind' man must 'perceive' and 'confess.'

27. *nullum...secretum:* cf. 1 *Cor.* IV. 5.

28. *interest cogitationibus:* cf. *Ps.* CXXXVIII. 3; *Luke* V. 22.

30. *Agimus...vivimus:* cf. *Acts* XVII. 28.

V. 1. *non est infamia...sed gloria:* compare

> All evils natural are moral goods;
> All discipline, indulgence, on the whole.
>
> YOUNG, *Night Thoughts,* "Night" 9, 390.

4. *quis* (= *quomodo*): for idea cf. Jerome, *Let. to Hel.,* I. 22, below. — *qui...qui:...qui:* cf. I. 1, above. — *qui non inhiat:* i.e., one who strives for another's possessions is poor, but he who is rich in the possession of God striveth not. Cf. *Apoc.* III. 17; Hor., *C.* II. 2, 17-24; ib. III. 1, 25-48. — *qui Deo dives est:* cf. *Luke* XII. 21.

7. *nemo...est:* cf. 1 *Tim.* VI. 7.

8. *Aves...vivunt:* cf. *Matt.* VI. 26; *Luke* XII. 24.

9. *pecua:* normally, 'places' where cattle are fed, 'pastures'; here, by metonymy, 'cattle,' 'herds,' 'flocks.'

10. *quae omnia...possidemus:* cf. 2 *Cor.* VI. 10.

11. *que viam terit:* 'he who treads a path'; the whole sentence is beautifully descriptive and picturesque; cf. Verg., *G.* I. 380.

13. *sub divitiarum onere suspirat:* cf. 1 *Tim.* VI. 10.

NOTES

19. *vitia:* i.e., *fragilitates.*

20. *non est poena, militia est:* compare " But I see another law in my members fighting against the law of my mind" (*Rom.* VII. 23). — *Fortitudo ... roboratur:* cf. *2 Cor.* XII. 9.

21. *calamitas . . . disciplina virtutis est:* cf. "Calamitas virtutis occasio est" (Seneca, *De Providentia*, IV. 6); and

> The good are better made by ill,
> As odours crushed are sweeter still.
> ROGERS, *Jacqueline.*

24. *viri fortes, quos in exemplum:* cf. Tert., *To the Mart.*, IV. 19 above, and Seneca, *De Providentia*, cap. III. 5.

25. *nec non potest:* 'neither is God unable.'

29. *extremam mortem:* cf. Verg., *A.* II. 447.

30. *nihil sibi posse perire securus:* i.e., He knows that those who are true Christians will not be overcome by calamity or persecution so as to sever their union with Him. — *ut aurum ignibus:* cf. *Prov.* XVII. 3; *Wis.* III. 6.

VI. 2. *congreditur:* cf. Tert., *To the Mart.*, I. n. 21, above.

3. *componitur:* the undertaker's word: 'at rest'; cf. Verg., *A.* I. 249, 374; here, 'composed'; a picturesque word beautifully expressing the triumph of Christian fortitude over pain. Cf. " vir fortis cum fortuna mala compositus." — Seneca, *De Providentia*, II. 6.

8. *insultat: stultat* is found in some texts.

10. *Nemo praemium percipit:* cf. "Corona victoriae non promittitur nisi certantibus"; St. Augustine, *De Agone*, I. 1, and see *2 Tim.* II. 5.

12. *potest honestare militiam:* i.e., he can " Labor as a good soldier of Christ " (*2 Tim.* II. 3).

15. *calamitosos viros:* see Tert., *To the Mart.*, IV, above, and Seneca, *De Providentia*, cap. III. 5.

18. *Et quot ex nostris:* for the sufferings and heroism of the martyrs, consult Farrar, *Early Days of Christianity.*

NOTES

19. *cremari:* 'be consumed.'

22. *mulierculae:* the diminutive, indicating the weakness of the sex, strengthens the contrast.

23. *terriculas:* 'frights,' 'scarecrows,' 'bugbears'; the word is of rare occurrence. — *inspirata patientia:* 'with the inspired endurance of suffering.' Cf. "Robbers and men of robust frame are unable to endure lacerations of this kind; they utter exclamations and send forth groans; for they are overcome by pain, because (*deest illis inspirata patientia*) they are destitute of 'patience infused' into them. But in our case (not to speak of men) boys and delicate women in silence overpower their torturers, and even the fire is unable to extract from them a groan." — FLETCHER, *Lact. Div. Inst.*, V. 13.

VII. 1. *Nisi...vos decipit:* cf. 1 *Cor.* II. 11–14.

3. *altius...altius:* note the collocation of words. For idea, cf. *Ps.* LXXII. 18, and

> et celsae graviore casu
> Decidunt turres.
>
> HORACE, *C.* II. 10, 10–11.

4. *Hi...coronantur:* note the parallelism, and compare *Jer.* XII. 3.

7. *somnio similis...elabitur:* i.e., earthly happiness, however long, is short at best, since we must die. "Like a dream, happiness slips away before it is grasped." Compare

> I clasped the phantoms, and I found them air.
>
> YOUNG, *Night Thoughts,* "Night" 1, line 202.

8–13. *Rex es?...Dives es?...Fascibus...gloriaris:* unfolding the reasons why one is deceived by the *divitiae, honores,* and *potestates* mentioned in line 2 above. Compare

> If Phrygian gem no pain can cure,
>   Nor purple robe of boundless price,
> Nor wine of stock Falernian pure,
>   Nor choicest Achaemenian spice;

NOTES

> Why doors that might make Envy pale?
> Why build strange halls of height sublime?
> Or why exchange my Sabine dale
> For wealth that taxes toil and time?
>
> GLÅDSTONE, *Odes of Horace*, III. 1, 41–48.

9. *multo comitatu stipatus:* cf. Verg., *A.* II. 40. "magna comitante caterva."

SAINT CYPRIAN (c. 200–258 A.D.)

In Thascius Caecilius Cyprianus the personality of the man overshadows the merit of the author. Born of heathen parents, near Carthage, Africa, about the year 200, he became a rhetorician, and in 246, in consequence of companionship with a priest, embraced the Catholic faith. He soon received Holy Orders, and was consecrated bishop in 248. The sanguinary persecution of Decius inflamed in him an indefatigable zeal, and the plague that swept his city evoked an exercise of altruism and charity seldom paralleled in history. He was twice banished from Carthage, and in 258 suffered martyrdom for the faith. His writings consist of Treatises and Letters. Theory and speculation find no place in his works; he is first and always a bishop, zealously animated by a burning faith for the well-being and salvation of his flock. He loved the Church; he loved her doctrine; he loved, practised, and enforced her discipline. Tertullian was his great master. His style, however, differs very much from the latter's. Of him Lactantius says, "He was of a turn of mind which was ready, copious, agreeable, and (that which is the greatest excellence of style) plain and open" (*Div. Inst.* V. 1, 25). Image and allegory, depth of sentiment, clearness, and constant use of the Scriptures characterize his writings. Our selection on Discipline, beneficial to all and particularly to the young, is taken from *De Habitu Virginum* and *De Mortalitate*. See Migne, *PL.,* IV. 440 and 581.

NOTES

I. 1. *Disciplina:* cf. Tert., *To the Mart.*, III. n. 24, above, and *Ps.* CXVIII. 66.

4. *iugiter:* cf. St. Bernard, *On Humility*, IV. n. 19, below. — *promissa ... praemia:* note the symmetry and chiasmus.

7. *Continete*, etc.: *Ps.* II. 12.

10. *Disciplinam*, etc.: *Wis.* III. 11. — *abicit:* cf. St. Ambrose, *Hexaemeron*, XIII. n. 11, below.

12. *Fili*, etc.: *Prov.* II. 11; *Apoc.* III. 19.

14. *corripit ut emendet:* cf.:

> Wise experience
> Gives us to know, that in th' lopping of trees,
> The skilful hand prunes but the lower branches
> And leaves the top still growing, to extract
> Sap from the root, as meaning to reform,
> Not to destroy.
>
> TATHAM, *Distracted State.*

15. *fratres:* those who had God as their Father.

19. *Et dabo*, etc.: *Jer.* III. 15.

II. 3. *observatione:* i.e., 'observance' of the Commandments of God and of the Church; hence 'obedience.'

6. *domiciliis ... super petram ... procellas et turbines:* St. Cyprian's writings are replete with imagery. See Biographical Note.

9. *templa Dei ... membra:* cf. 1 *Cor.* VI. 19; ib. III. 16.

10. *faece:* dregs, that is, the 'stain' of original sin.

13. *antistites:* (*ante, stare*) 'those standing before the altar,' i.e., the high-priests, overseers.

14. *cuius esse ... coepimus:* i.e., by baptism.

15. *curricula vivendi:* a 'rule of life.'

17. *Non estis:* 1 *Cor.* VI. 19-20.

17. *observatione:* cf. II. n. 3, above.

III. 1. *Sospitantis ... curantis*, etc.: note the parallelism, so characteristic of the Hebrew Scriptures; St. Cyprian's style re-

NOTES

flects the influence of his mastery of Holy Writ. See Biographical Note.

2. *Ecce,* etc.: *John* V. 14.

4. *vivendi tenorem:* cf. n. 15 above, and St. Cyprian, *Ep.* XXV. 2: " disciplinae tenor."

5. *habenis ... solutis:* observe the metaphor; in the Classics *laxis* is the word commonly used in the sense of *solutis* here. Cf. Verg., *A.* I. 63; Cic., *Laelius,* XIII. 45.

7. *sanatus fuerat:* common form in the Fathers. B. 102; A. & G. 184; H. 206.

12. *sexus ... aetas:* observe the position of the qualifiers, and cf. I. 4, above.

13. *curet:* cf.:

> Of all proceedings in this great affair,
> We must not use our fortunes, but our care.
> CLAPTHORNE, *Albertus Wallenstein.*

IV. 4. *renuntiavimus:* alluding to the renunciations made at baptism.

7. *Nolite,* etc.: 1 *John* II. 15–17.

17. *Non descendi,* etc.: *John.* VI. 38.

19. *liberatori ... liberatus:* cf. Massinger, *Duke of Milan,* Act IV. Sc. 1, 45:

> Though I love
> My limbs as well as any man, if you had now
> A humor to kick me lame into an office,...
> Stood I not bound to kiss the foot that did it?

23. *Qui dicit,* etc.: 1 *John* II. 6.

V. The lines that follow to VII. 5, are taken from *De Mortalitate.* The pestilence that wrought havoc at Carthage from 252 to 254 elicited from this sympathetic shepherd of souls a discourse of comfort and consolation such as naught save the purest and most sublime faith could inspire. Part of it is incorporated here,

NOTES

as its sentiment is quite in keeping with the theme thus far treated, and its style is representative of its author.

13. *zelus:* ζῆλος, ' jealousy.'

15. *Tot persecutiones:* cf. *Eph.* VI. 12.

17. *gladios:* i.e., *laqueos*, ' snares,' ' weapons.'

VI. 1. *ista:* the ravages of the plague.

5. *Nisi praecesserit,* etc.: cf. *Octavius,* VI. n. 10, above.

7. *Navis:* note the simplicity and strength of the passage from this word to the end of the chapter.

10. *veritatis:* some texts read *virtutis.* — *Arbor . . . ventis incumbentibus non movetur:* the thought in St. Cyprian's mind has been strikingly expressed by Jean de la Fontaine in his *Fables,* Bk. I. 22:

> The Oak said to the Rush (when oaks could talk),
>   ' Nature has dealt but hardly with you, friend;
> The wren's light weight sits heavy on your stalk;
>   The lightest breeze that for a moment's space
>   Ruffles the water's face
>   Will make you bend.'
>
> Then the rush spake —
> ' Your pity shows a generous heart, 'tis true;
>   But pray be not uneasy for my sake:
> Storms are less dangerous to me than you —
>   I bend, but do not break.'
>
> *Translation* by W. L. Collins.

13. *area fruges terit:* the ancient threshing-floors (*areae*) were circular areas inclosed with a low wall and paved with concrete. Of them Servius (*Comm. in Verg.* I. 178) says, " Sane area est locus vacuus, aut natura aut studio factus, ne quid inde edi nascive possit." Into these *loci* heads of grain were thrown by the husbandman and trampled out by cattle. The winnowing was done either by tossing the grain into the air with a shovel or by casting it in the direction of the wind with the " Mystic Fan of Bacchus."

NOTES

For the *Mystica Vannus Iacchi*, see Verg., *G.* I. 166, and Homer, *Odyssey*, XXIII. 275.

18. *Vasa*, etc.: *Ecclus.* XXVII. 6.

VII. 3. *nos:* asyndeton.

5. *Apostoli vox:* see *De Habitu Virginum*, XIV.

7. *Primus homo:* 1 *Cor.* XV. 47.

14. *unanimes:* (late form) possibly used for its ending, rhyming with those of *mites, faciles, concordes*, etc.

LACTANTIUS (c. 250–330 A.D.)

Both Africa and Italy claim the honor of being Lactantius' birthplace. The greater evidence, however, seems to point to Africa as his mother-country, but there is nothing to show with certainty just where or when he was born. His full name is Lucius Caelius Firmianus Lactantius. Having received his early education at the feet of Arnobius, he imbibed the teaching of heathenism, but its shallowness awakened in him a hunger for more substantial nourishment and about 303 led him into the Church. His works are chiefly of an apologetic character. Because of an imperfect knowledge of theology, he is not so singularly felicitous in his defense of Christianity as in his onslaught upon heathenism. He died probably at Treves in 330. If we except St. Augustine and St. Jerome, probably no other writer of antiquity was more deeply versed in the Greek and the Latin literature. His scant knowledge of the Scriptures, however, drew from St. Jerome the charge of his being " imperitus Scripturarum," but his style is brilliant, gracious, versatile, chaste, approximating so closely Rome's golden age of literature that the Humanists called him the Christian Cicero. This appellation posterity has been pleased to endorse. Our selections are taken from the *Divinae Institutiones*, V. 7 sqq.; VI. 3 sqq., and *De Opificio Dei*, VIII. sqq. See Migne, *PL.*, VI. 570, and VII. 33.

NOTES

TITLE: *The Divine Institutes*. Lactantius borrowed this title from the current manuals of civil law, *Institutiones Civilis Iuris*. The work is a refutation of the superstitions of polytheism, and a defense, more literary than theological, of Christianity. The fifth book treats of that justice to which men return through the mediation of Christ.

I. 2. *ultimo tempore:* i.e., the reign of injustice, or of Jupiter and his descendants, which witnessed "War's indomitable rage and greedy lust of gain." See Verg., *A.* VIII, 327; Ovid, *Metam.* I. 144 sqq.

2. *vetus . . . saeculum:* the Saturnian age in which "Now streams of milk, now streams of nectar flowed" (Ovid, *Metam.* I. 111), or the reign of justice, whose offices were "humanity, equity, pity." See *Div. Inst.* V. 6.

3. *fugatam iustitiam:* the allusion is to Astraea, the daughter of Themis, and goddess of justice, who, during the Golden Age, had lived on earth, but later, offended at the vices of men, had fled "And sought protection in her native sky." See Ovid, *Metam.* I. 150; Verg., *Ecl.* IV. 6.

5. *erroribus:* i.e., polytheism.

6. *paucis:* i.e., the Christians.

II. 3. *multitudo universa:* i.e., 'all men,' instead of merely 'the Christians,' alluded to in the *paucis*, I. 6, above.

6. *alio loco: Div. Inst.*, II. 18. The reason assigned is, to manifest God's patience as well as His excellence, or His justice as well as His love. The difference is explained in the lines that follow.

7. *explicabitur:* cf. Bk. VI. 15 and 22.

9. *non esse perfectam:* i.e., in this life.

13. *non exclusit malum:* i.e., He permitted it. — *ut ratio virtutis constare posset:* cf. *Evangeline*, II. 95:

Many surmises of evil alarm the hearts of the people;

and Shaks., *Henry V*. Act IV. Sc. 1, 4-12:

NOTES

> There is some soul of goodness in things evil,
> Would men observingly distil it out;
> For our bad neighbor makes us early stirrers,
> Which is both healthful and good husbandry:
> Besides, they are our outward consciences,
> And preachers to us all, admonishing
> That we should dress us fairly for our end.
> Thus we may gather honey from the weed,
> And make a moral of the devil himself.

14. *patientia ... pati:* cf. Shaks., *Othello*, Act II. Sc. 3:

> How poor are they that have not patience!
> What wound did ever heal but by degrees?

15. *si nihil esset quod pati cogeremur:* cf. Shaks., *Timon of Athens*, I. 1:

> The fire i' the flint
> Shows not till it be struck.

17. *avertere:* sc. *nos.*

21. *capite obvoluto:* in the "Muffled Head," a lost work of Quintilian.

24. *in id quod:* i.e., *in id in quod.* The verb *incubo,* in the literature of the classical age, normally governs the dative case. Compare "ponto nox incubat atra" (Verg., *A.* I. 89).

25. *culpa vacare:* cf. "If we say that we have no sin, we deceive ourselves, and the truth is not in us" (1 *John*, I. 8).

III. 12. *sacramentum:* cf. Tert., *To the Mart.*, III. n. 2, above.

V. 1. *cultu deorum:* i.e., the false gods of paganism.

10. *sibi mentiuntur:* 'deceive themselves.'

12. *tenebras:* cf. *Isa.* V. 20.

21. *aciem ingeniorum:* observe the metaphor.

VI. 10. *occidendo, saevitia,* etc., refer to the bloodshed and cruelty of the persecutions.

NOTES

15. *Nihil est tam voluntarium quam religio:* cf. Milton, *Paradise Lost*, V. 529:

> Our voluntary service he requires,
> Not our necessitated. Such with him
> Finds no acceptance, nor can find; for how
> Can hearts not free be tried whether they serve
> Willing or no, who will but what they must
> By destiny, and can no other choose?
> .... Freely we serve,
> Because we freely love.

VIII. 10–12. Note the anaphora.

14. *hic:* balancing the *illic* in line 12; adversative asyndeton, a favorite figure with Lactantius.

18. *si cutem laverint:* the ancients believed in the expiation of crime by bathing or washing with water. Cf. Verg., *A.* II. 719; ib. VI. 229–231; *Matt.* XXVII. 24; *Deut.* XXI. 6, 7.

21. *sordidatur:* (*sordidare*) 'to soil,' 'dirty,' 'defile' (late Latin).

22. *lavacro: lavacrum, -i,* n.: a 'bath,' 'washing,' 'laver' (post-class.). Cf. "He saved us by the *laver* of regeneration." — *Titus,* III. 5.

IX. 8. *spiritus contaminati:* 'the demons.'
14. *quo audito tremunt:* cf. *Ps.* CX. 9; *Philip.* II. 9–10.
15. *uri:* i.e., 'branded.' Cf. Ovid, *F.* IV. 275.
31. *eosque ipsos:* the Christians.

X. 4. *inducuntur homines specie terrenorum:* cf. Shaks., 2 *Henry VI.* II. 1:

> 'Tis but a base ignoble mind
> That mounts no higher than a bird can soar.

XI. 9. *summis laudibus celebrant:* consult Tertullian, *De Patientia;* St. Cyprian, *De Bono Patientiae.* As Lactantius states, practically all the pagan writers have sung the excellencies of the virtue of patience. Cicero (*De Inv. Rhet.,* II. 54, 163) defines it thus: "Patientia est honestatis aut utilitatis causa rerum ardua-

NOTES

rum ac difficilium voluntaria ac diuturna perpessio." Milton in *Samson Agonistes*, 652, says,

> Many are the sayings of the wise,
> In ancient and in modern books enrolled
> Extolling patience as the truest fortitude,
> And to the bearing well of all calamities,
> All chances incident to man's frail life,
> Consolatories writ
> With studied argument, and much persuasion sought,
> Lenient of grief and anxious thought.

14. *perlatio:* (*perfero*) a 'bearing,' 'enduring' (post-class.).

XII. 6. (*ut est a Laelio dictum*): cf. Cic., *De Rep.* III. Lact., *Div. Inst.* V. 12, 18 and 19.

XIII. 2. *potentes, beatos, et divites:* see B. 341, 4, c; A. & G. 323, b, c; H. 554, 6; D. 605.

8. "*Deus,*" etc.: the quotation cannot be found in the extant works of Seneca. The idea, however, may be found in his *De Providentia*, I.

11. *Bonos ... castigat:* cf. *Heb.* XII. 6.

23. *voluit ... degere:* the verb *voluit* recaptures the idea in *populo suo* (line 21); i.e., God wished His people to be subject to the power and dominion of others for the reasons stated in the lines that follow.

39. *contra milites eius:* cf. *Acts* IX. 1–9.

41. *pressurae:* (*premere*) 'oppression,' 'affliction,' 'persecution.' — *diffluentem: defluentem* and *deflorentem* (wasting) are also found.

XIV. 11. *usque:* see B. 141, 1; 144. 3; A. & G. 432, b; H. 636, V. 1.

24. *placeant:* B. 295, 8; A. &. G. 565, a; H. 502, 1; D. 722.

25. *ultio consecuta:* the allusion is to the deaths of the persecutors. See Lact., *De Mortibus Persecutorum,* and cf. Shaks., *Hamlet*, Act III. Sc. 3, 89–95:

NOTES

> When he is ....
> .... about some act
> That has no relish of salvation in't;
> Then trip him, that his heels may kick at Heaven,
> And that his soul may be as damn'd and black
> As hell, whereto it goes.

29. *resanati fuerint:* see St. Cyprian, *On Discipline*, III. n. 7, above; *resano, -are,* (post-class.) 'to make sound *again,*' 'to restore '; note the force of the prepositional prefix.

XV. 2. *ipse:* God.

8. *fuerint abusi:* cf. XIV. 29, above.

12. *bestias malas:* Lactantius' usual designation of the persecutors.

13. *vexationes:* euphemistic for *persecutiones.*

14. *exspectare patienter:* cf. *Rom.* XII. 14.

16. *honoret aut puniat:* cf. *Ps.* LXI. 13; *Rom.* II. 6–8.

18. *Veniet, veniet:* cf. St. Jerome, *Let. to Hel.*, VI. 1, below.

TWO WAYS OF LIFE

I. 3. *poetae ... philosophi:* i.e., Hesiod, Xenophon, Socrates, Cicero, *et alii.*

9. *habere eum: dicunt* is understood.

19. *laborare ... cadere:* observe the climactic force of the verbs.

23. *delinimentis:* the word has the same meaning as *delenimentum* — i.e., 'blandishment,' 'allurement,' 'enticement,' 'flattery.' Among the classical writers it is found spelled with an *i* instead of an *e* in Tacitus only; cf. "Vitae delinimenta monstraveram tibi; tu mortis decus mavis" (*Annals,* XV. 63). Consult Forcellini's *Lexicon,* and compare

> these cowering low
> With blandishment.
>
> MILTON, *Par. Lost,* VIII. 350.

NOTES

II. 9. *Partes*, etc.: Verg., *A. VI.* 540. — *ambas = duas*.

10. *nutabundus*: (post-class.) 'vacillating,' 'hesitating,' 'uncertain.'

14. *bonam frugem*: i.e., *virtutem*.

16. *frugalitatis*: i.e., *virtutis*.

23. *Poetae fortasse melius*: some such verb as *declaraverunt* or *erudierunt* is understood.

III. 22. *frugi*: an adjective. Cf. Juv., *Sat.* III. 167.

IV. 2. *Elysios campos*: see Verg., *A.* VI. 638 sqq.

4. *At laeva*, etc.: Verg., *A.* VI. 542:

> 'Tis here, in different paths, the way divides;
> The right to Pluto's golden palace guides;
> The left to that unhappy region tends,
> Which to the depth of Tartarus descends.
>
> DRYDEN, *Works of Vergil*.

18. *ventum fuerit ad extremum*: cf. Verg., *A.* VI. 45.

V. 5. *posuit*: *Deus* is understood.

21. *voluptas ... trahit*: cf. "trahit sua quemque voluptas"; Verg., *Ecl.* II. 65.

23. *quod ipsi non habent*: cf. Thomson, *The Seasons*, "Spring," 84:

> Base envy withers at another's joy,
> And hates that excellence it cannot reach.

VI. 10. *pignoribus*: i.e., *liberis*.

VII. 5. *captat*: conative present. B. 259, 2; A. & G. 467; H. 467, III. 6; D. 649.

11. *voluptati et corpori*: hendiadys.

13. *suis ... occupati*: note the force of the interlocked arrangement of words, known as synchysis.

NOTES

18. *uti specie lucis excaecet:* cf. Butler, *Hudibras*, Part I., Cant. 1:

> His notions fitted things so well,
> That which was which he could not tell;
> But oftentimes mistook the one
> For th' other.

FORMATION OF MAN

TITLE: these chapters are taken from the *De Opificio Dei vel Formatione Hominis*. The work is addressed to a certain Demetrianus, a disciple of Lactantius. It treats of the beauty and fitness of the human body as manifesting the power and providence of God.

I. 3. *habitus:* i.e., the 'condition,' 'reason,' and 'form.'
8. *illa vero ... sublimis status:* cf. *Ps.* VIII. 6; and see Ovid, *Metam.* I. 84, where he says,

> *Pronaque* cum spectent animalia cetera terram,
> Os homini *sublime* dedit, caelumque tueri
> Iussit, et *erectos* ad sidera tollere vultus;

which idea Dryden renders,

> While the mute creation downward bend
> Their sight, and to their earthly mother tend,
> Man looks aloft, and with erected eyes
> Beholds his own hereditary skies,

and which Milton (*Par. Lost,* VII. 505) paraphrases,

> There wanted yet the master-work, the end
> Of all yet done — a creature who, not *prone*
> *And brute as other creatures,* but endued
> With sanctity of reason, might *erect*
> *His stature,* and, *upright with front serene*
> Govern the rest; ....
> .... with heart and voice and eyes
> Directed in devotion, to adore
> And worship God Supreme, who made him chief
> Of all his works.

NOTES

The theme was a favorite one with the ancients. We find in Cicero, for example, the passage, "When Nature had made other animals *abject,* and consigned them to the pastures, she made man alone *upright,* and raised him to the contemplation of heaven, as of his birthplace and former abode." — *De Legibus,* I. 9. Nor did the observation escape Juvenal:

> To us is reason given, of heavenly birth,
> Denied to beasts, that prone regard the earth.
>
> *Sat.* XV. 146–147

9. *ut . . . ventri pabuloque servirent:* note the hendiadys; 'that they might be subservient to the appetites of the flesh'; and compare Sallust, *Catiline,* I. 3: "Veluti pecora, quae natura prona atque ventri oboedientia finxit."

16. *in arce:* cf. Min. Fel., *Octavius,* II. 24, above.

20. *rotunditas:* i.e., 'the head.'

21. *ignis . . . divinus:* an allusion to the ancient belief that the soul was made of fire: "Man is a ray of heaven united to a clod of earth." See Verg., *A.* VI. 724 sqq., for the doctrine of the *Anima Mundi.*

II. The student can find no treatise more interesting in connection with these chapters than Cicero's *De Natura Deorum,* II. 54–60.

5. *nullus est perfectior,* etc.: the doctrinal teaching of Lactantius is suffused with a peculiar dualism, based on his principle that evil is of necessity presupposed to good.

9. *altrinsecus:* 'from both sides.'

11. *minus . . . minus:* note the chiasmus.

19. *Vocemque,* etc.: Verg., *A.* IV. 359.

IV. 2. *occuluit:* sc. *Deus.*

10. *obarescere:* 'to dry up,' 'to become dry' (post-class.).

20. *eminentibus:* i.e., by the 'projecting' or 'protecting' cheek-

NOTES

bones. Cf. "Genae deinde ab inferiore parte tutantur subiectae leniterque *eminentes.*" — Cic., *De Natura Deorum*, II. 57, 143.

31. *duplicate:* see II. n. 5, above.

V. 16. *in . . . mundo summa rerum . . . de duplici simplex:* a vexed passage, which alludes possibly to the two principal elements of the universe, 'fire' and 'water,' as understood by the Ionian philosophers, Heraclitus of Ephesus and Thales of Miletus. See Stöckl, *History of Philosophy*, vol. I. pp. 34–38.

VI. 20. *complodunt:* (*complodere*) lit., 'to clap with the hands'; here, 'they dash against' (post-Aug.).

21. *testudine:* see Tert., *To the Mart.*, III. n. 10, above. — *dentium saeptis:* the phrase recalls the speech of Odysseus in Homer, *Iliad* IV. 350, "ποῖόν σε ἔπος φύγεν ἕρκος ὀδόντων"; i.e., "quale tibi verbum fugit ex saepto dentium?"

VII. 19. *capio:* (*capere*, 'to take') 'a taking'; the word used as a noun occurs but rarely, and only in legal terminology.

VIII. 5. *scapulae . . . molibus iugis . . . demissae:* note the artistic order of words, the very arrangement of which seems to suggest that Lactantius may have been thinking of a mountain's slope, regarded first from the crest and then from the base. The tops of trees on a mountain's side overlap one another and so produce the effect of 'gentle ridges' (*mollibus iugis*). Cf. Ovid, "Ut clivo crevisse putes," *Metam.* VIII. 191.

7. *bracchia:* the 'forearms,' from the hand to the elbow.

8. *lacertorum:* the 'upper-arms,' from the elbow to the shoulder.

21. *maturius funditur:* i.e., *dilatatur*, 'is enlarged,' 'amplified.'

25. *pollicis:* (*polleo*, from *potis*, *valere*) 'to be strong,' i.e., the 'prevailing' or 'governing' member.

X. 8. *cicutam:* lit., 'hemlock,' or 'poison' from the hemlock; here, by metonymy, a 'flute' or 'pipe' made from the hemlock

NOTES

stalk. How does this word differ in meaning from *fistula?* Consult lexicons, and compare

> Est mihi disparibus septem compacta cicutis
> Fistula. — Verg., *Ecl.* II. 36.

18. *Non est igitur comprehensum,* etc.: note the caution with which Lactantius concludes, and cf. Cowper, *Conversation,* 145:

> Where men of judgment creep and feel their way
> The positive pronounce without dismay.

19. *fatendum est multa nesciri:* cf. Hor., *Odes,* IV. 4, 22: "Nec scire fas est omnia"; and Shaks., *Hamlet,* I. 5, 165:

> There are more things in heaven and earth, Horatio,
> Than are dreamt of in your philosophy.

Cf. also Milton, *Par. Lost,* III. 694:

> Thy desire, which tends to know
> The works of God, thereby to glorify
> The great Work-Master, leads to no excess
> That reaches blame, but rather merits praise
> The more it seems excess.

SAINT AMBROSE (c. 340–397 A.D.)

The youngest of three children, St. Ambrose was thirty-four years old when he was received into the Church. Born probably at Treves, about 340, he early made his way to Rome, where he pursued with diligence the classics, philosophy, rhetoric, and law. After a short career as a lawyer, he was appointed by Valentinian I as governor of Liguria, in Northern Italy. On the death of Auxentius, the Arian bishop of Milan, he was acclaimed, as if by inspiration, his successor, though still a catechumen. Baptized at his own request, he received episcopal consecration eight days later, on December 7, 374. On accepting the duties of his new

NOTES

office he immediately distributed his possessions to the poor, and devoted himself to the study of the Christian writers, particularly the Greek Fathers. His shrewd diplomacy in his relations with the imperial powers has left its impress upon the pages of history. The pulpit of the cathedral at Milan has probably never been graced by a greater orator than Ambrose. He died on April 4, 397. As a writer Ambrose has been called the Fénelon of the Fathers, and rightly so, for there are in his works an elevation of thought, a solidity of doctrine, and an unction of grace which distinguish him from his contemporaries. He is at times energetically brief, always clear and direct, and eminently practical. In his exegetical writings he recognizes an allegorico-mystical sense of the Scriptures, to which he devotes his chief attention. Our selections are taken from the *Hexaemeron*, a work in six books based on Genesis, and from the *De Excessu Satyri*, a panegyric on the death of his brother; in the latter, proofs of the resurrection are set forth. See Migne, *PL.*, XIV. 123, and XVI. 1289.

I. 1. *flos faeni figura est carnis:* cf. *Jas.* I. 10–11.
3. *omnis caro faenum:* *Isa.* XL. 6; *Ecclus.* XIV. 18.

II. 11. *avis atavisque:* 'in his grandsires and great-grandsires,' i.e., "along his entire line." Cf. Hor., *C.* I. 1.
17. *Ecce verum est:* cf. Shaks., *Henry VIII.* III. 2, 352–358:

> This is the state of man: to-day he puts forth
> The tender leaves of hope; to-morrow blossoms,
> And bears his blushing honors thick upon him;
> The third day comes a frost, a killing frost,
> And, when he thinks, good easy man, full surely
> His greatness is a-ripening, nips his root,
> And then he falls as I do.

Compare also,

> Like leaves on trees the race of man is found,
> Now green in youth, now withering on the ground;

NOTES

> Another race the following spring supplies:
> They fall successive, and successive rise.
> So generations in their course decay,
> So flourish these when those are passed away.
>
> <div align="right">Pope's <i>Iliad</i> VI. 181.</div>

III. 7. *Odor filii:* Gen. XXVII. 27.

14. *Et species:* Ps. XLIX. 11.

17. *Considerate,* etc.: *Matt.* VI. 28.

24. *Quis tantus imitator naturae:* cf. Thomson, *The Seasons,* "Spring," 466:

> Who can paint
> Like nature? Can imagination boast,
> Amid its gay creation, hues like hers?
> Or can it mix them with that matchless skill,
> And lose them in each other, as appears
> In every bud that blows?

26. *Nec Salomon,* etc.: *Matt.* VI. 29, and cf. Prior's *Solomon,* Bk. I. 100:

> Take but the humblest lily of the field,
> And, if our pride will to our reason yield,
> It must, by sure comparison, be shown
> That on the regal seat great David's son,
> Arrayed in all his robes and types of power,
> Shines with less glory than that simple flower.

IV. 2. *cuius semen eius:* lit., 'of which its fruit'; idiomatically, 'the fruit of which.'

3. *Dixit:* sc. *Deus.*

9–11. *Abies ... casus marinos ... subitura:* suggestions of his knowledge of the classics; see Biographical Note, and cf. Verg., *G.* II. 68; Caes., *De B. G.* V. 12, 12.

12. *Nec non et laurus:* 'And the laurel as well.' The peculiar combination of *nec non et* is frequently found even among the writers of the Augustan age; compare

> Nec non et Tyrii per limina laeta frequentes.
>
> <div align="right">VERG., <i>A.</i> I. 707.</div>

NOTES

18. *sua:* the word often refers to the subject of the thought rather than to the subject of the verb, Cf. "Sunt his etiam sua praemia laudi."— Verg., *A.* I. 461; ib. VI. 206; III. 469.

V. 1. *floribus...rosa:* note the appropriate chiasmus emphasizing the very 'mingling' with the flowers.

2. *sine ulla fraude vernabat:* for an interesting little tale, see Sara Cone Bryant, *How to Tell Stories to Children,* Chap. entitled "How we came to have Pink Roses," p. 135.

5. *perfunctionis:* 'the discharge of its duties,' 'enjoyment,' 'pleasure.'

10. *culpae:* i.e., the guilt of original sin.

13. *Irrutiles:* from *irrutilo, -are,* 'to become ruddy,' 'gleam,' 'glitter'; the prefix is intensive; no other Latin writer uses the word. See Forcellini, *Totius Latinitatis Lexicon.*

17. *decurso:* with *flore;* it is not the most elegant word that might have been chosen. It is not certain, however, that this is original, as some of the texts have *decor suavitatis flore.*

VI. 7–12. *Aut...decurrit:* Cf. O. W. Holmes, *Song for Temperance:*

> Joy smiles in the fountain, health flows in the rills,
> As their ribands of silver unwind from the hills;
> They breathe not the mist of the Bacchanal's dream,
> But the lilies of innocence float on their stream.

8. *florulenta:* 'abounding in flowers' (post-class.).

21. *gravescit:* lit, 'grows heavy,' i e., 'becomes drugged.' Note the chiasmus.

24. *in olei mollem naturam:* 'into the soft nature of oil'; possibly 'mucilage.'

VII. 3. *omnibus:* sc. *partibus arboris.*

6. *pomum:* 'fruit' in general; a synecdoche.

9. *Ipsae:* sc. *arbores.*

11. *dactylo:* the *date.*

NOTES

VIII. 6. *alluvione:* (*ad-luere*) lit., an 'overflowing'; here 'bathing,' 'absorption,' 'assimilation.'

IX. 13. *nova fraude:* explained in line 18 below.
16. *diptychum:* δίς, 'double,' 'twice,' and πτύσσειν, 'to fold'; δίπτυχον, 'diptych.' No English word quite renders it.

X. 1. *alienae ... circumscriptionis:* 'of another's possessions.'
3. *astu:* 'art,' 'craft,' 'cunning.'
10. *beata:* i.e., *dives;* cf. Hor., C. III. 7, 3. — *si bona sua noverit:* cf. Verg., G. II. 458; "sua si bona norint"; and Martin, *Works of Horace,* Vol. I. Bk. III. Ode 16:

In my crystal stream, my woodland, though its acres are but few,
And the trust that I shall gather home my crops in season due,
Lies a joy, which he may never grasp, who rules in gorgeous state
Fertile Africa's dominions. Happier, happier far my fate.

16. *Melior ... est,* etc.: cf. *Prov.* XXVIII. 6: "Better is the poor man walking in his simplicity than the rich in crooked ways"; and Shaks., *Othello,* III. 3:

Poor, and content, is rich, and rich enough.

XI. 1. *ingentia .. infinitae magnitudinis cete:* note the chiastic order (B. 350, 11, c. and NOTE).
2. *cete:* a Greek neuter plural. Cf. Verg., "immania cete," *A.* V. 822. See also *Gen.* I. 21: "Creavitque Deus cete grandia."
5. *acta:* "Vox Graeca (ἀκτή) quae litus maris vel secessus in litore significat." — Forcellini, *Totius Latinitatis Lexicon.*

XII. 9. *Quomodo ... si in aerem transferatur, in lapidis firmitatem solidetur:* "Naturalists of ancient times regarded the coral as a stone, or as the solid axis of a marine plant. Dioscorides thought it to be a marine shrub which hardened on being taken out of the sea and exposed to the air. He even thought it petrified, if touched while it was alive in the water. In 1671 an Italian

NOTES

naturalist decided that as the coral had neither flowers nor leaves, nor seeds nor fruits, it ought to be classed with stones. The merit of having discovered the true nature of coral, however, belongs exclusively to a Frenchman, Jean André de Peyssonnel, a physician and botanist whose observations were made on the coasts of Provence at the instance of the Academy of Sciences. He demonstrates that the coral branch is an aggregation of animalcules, and he compares them to the sea-nettles, whose name was already known. The coral's 'chief' habitats are in the neighborhood of Marseilles, on the coasts of Corsica, Sardinia, Sicily, the Balearic Isles, and near Tunis. Its color is generally a beautiful red, but it is found of every intermediate tint between red and white. Its commercial value is derived from the fact that, in drying, the center and hardened part of the stalk completely sheds the cortical envelope and the polypi attached to it." — L. SONREL, *The Bottom of the Sea*, p. 186. It is interesting to note the glory Shakespeare ascribes to the coral in his reference to the supposedly shipwrecked king of Naples, Alonzo: "Of his bones are coral made"; *The Tempest*, I. 2, 397. And when the poets would exhibit their heroines in superlative beauty, they not infrequently endowed them with *coral lips*. See Carew, *Disdain Returned;* and Lyle, *Alexander and Campaspe*, III. 5, " Song." Interesting information may be found in Pliny, *Nat. Hist.*, XXXVII. 10.

18. *nullus ... imitari potuit:* cf. III. n. 24, above.

22. *qua sollicitudine vellera curentur:* the allusion is to the ancient practise of dyeing wool from which fabrics were made. Cf. Hor., *C*. III. 5, 27:

> Neque amissos colores
> Lana refert medicata fuco.

24. *murices qui insigne dant regium:* the shellfish (*murex*) found on the Gaetulian shores of the Atlantic, yielded an exquisite extract for purple dyes. Fabrics dipped therein (Verg., *A*. IV. 262) were highly priced and highly prized (see Hor., *C*. II. 16, 36; *Ep*. II. 2. 181). For a fine exposition of the nature of

NOTES

the color-producing secretion, see Perkin and Everest, *The Natural Organic Colouring Matters*, p. 525 ff. The *murices* were found also near Tyre, in Asia Minor (Hor., *Epod.* XII. 21), and at the Taenarian promontory on the coast of Laconia (Hor., *C.* II. 18, 7), whence the Tyrian and Laconian dyes so widely celebrated in literature. See Verg., *Ecl.* IV. 44; Pliny, *N. H.*, IX. 36, 60; Shelley, *Prometheus Unbound*, I.

XIII. The student should be required to point out the stylistic features of this chapter. Studied art is not St. Ambrose's wont, but in this passage scarcely a line lacks one or another arresting delicacy. The energetic brevity (see Biographical Note) of the sentences is impressive. Unconscious reminiscences of classical authors abound.

6. *vela in navibus:* sc. *nitent*. Cf. Shaks., *Antony and Cleopatra*, II. 2:

> The barge she sat in, like a burnished throne,
> Burned on the water.

10. *delphinas:* irreg. decl. The same form is found in Verg., *Ecl.* VIII. 56. Cf. the delightful little story of the boy and the sporting dolphin at Hippo, as given by Pliny, *Letters*, IX. 33. — *rauco sonantes fluctus murmure:* note the chiasmus. The recurrence of the *r*-sound and the *s*-sound effects an onomatopoetic assibilation, recalling Verg., *A.* V. 866: " Tum rauca adsiduo longe sale saxa sonabant "; *Ecl.* I. 59, " raucae palumbes "; for the music of the *sonantes fluctus,* and what they say, compare Byron, *Childe Harold,* Canto IV:

> Roll on, thou deep and dark blue ocean, roll!
> . . . .
> Thou glorious mirror, where the Almighty's form
> Glasses itself in tempests: in all time,
> Calm or convulsed — in breeze, or gale, or storm,
> Icing the pole, or in the torrid clime
> Dark-heaving; boundless, endless, and sublime —
> The image of eternity — the throne
> Of the Invisible, —

NOTES

And Whittier:

> The ocean looketh up to heaven,
> As 't were a living thing;
> The homage of its waves is given
> In ceaseless worshipping.
>
> They kneel upon the sloping sand,
> As bends the human knee,
> A beautiful and tireless band,
> The priesthood of the sea!

11. *adice:* i.e., *adjice*. The prevailing spelling now in compounds of *jacio* is without the *j* after the preposition. See B. 9. 3, and *Appendix to Latin Grammar*, 60.

12. *e carceribus ... quadrigae:* cf. Verg., G. I. 512; Hor., *Odes*, I. 1, 4.

19. *puppes:* cf. VII. n. 6, above.

XIV. 1. *de Iona:* cf. *Jonas* II. 1 sqq.
2. *prophetandi gratiam:* cf. *Jonas* III. 1–4.
3. *Emendavit*, etc.: cf. *Jonas* II. 10.
4. *psallebat:* cf. *Jonas* II. 3; *Ps* CXIX. 1.
7. *signum ... Ionae:* cf. *Luke* XI. 29–30.
8. *in corde terrae:* cf. *Matt.* XII. 40.
11. *quem ... servarunt:* cf. *Matt.* XIV. 25.
12. *in mare titubat:* cf. *Matt.* XIV. 30.
13. *negavit in terris:* cf. *Mark* XIV. 68.
14. *manu apprehenditur:* cf. *Matt.* XIV. 31.
15. *aspectu ... convenitur:* cf. *Luke* XXII. 61.
18. *quam Ninivitis:* cf. *Jonas* I. 2 sqq.

PROOFS OF THE RESURRECTION

III. 3. *Prima ... resurrectionis usus est mundi:* 'The first argument for faith in the resurrection is the course of the world.' Cf. Young, *Night Thoughts*, " Night " 6, 677:

> Look Nature through: 'tis revolution all;
> All change, no death. Day follows night, and night
> The dying day; stars rise, and set, and rise;

NOTES

> Earth takes th' example. See the summer gay,
> With her green chaplet and ambrosial flowers,
> Droops into pallid autumn. Winter grey,
> Horrid with frost and turbulent with storm,
> Blows autumn and his golden fruits away,
> Then melts into the Spring; soft Spring, with breath
> Favonian, from warm chambers of the South,
> Recalls the first. All, to reflourish, fades;
> As in a wheel, all sinks, to reascend, —
> Emblems of man, who passes, not expires.

6. *signorum:* i.e., of the zodiac; constellations; cf. Verg., *Ecl.* IX. 46: "Daphni, quid antiquos signorum suspicis ortus."

IV. 4. *Et hoc mortale:* 1 *Cor.* XV. 53.

V. 5. *coalitu:* 'contact,' 'cohesion,' 'fellowship' (post-class.).
6. *occaecata:* sc. *semina,* (*ob-caeco*), lit., 'blinded'; here 'hidden,' 'concealed.'
9. *spicae adolescentis:* 'of the ear growing up.' For the difference in the spelling of *adolescens* and *adulescens*, see B. *Appendix to Latin Grammar,* ¶ 61.
10. *vaginis:* 'sheaths,' 'hulls,' 'husks,' which enclose the ear of corn or other grain. Cf. Varro, *R. R.* I. 48, 3: "Quae primitus cum oriuntus neque plane apparent, qua sub latent herba, ea vocatur vagina, ut in qua latet conditum gladium."
14. *ne avium minorum morsus interimat, vallo aristarum saepire consuevit:* cf. Cic., *De Sen.,* XV. 51, "Ex quibus cum emersit, fundit frugem spici ordine structam et contra avium minorum morsus munitur vallo aristarum."

VI. 4. *Desine ... dubitare,* etc.: "Cease then to doubt that the trustworthy earth, which restores multiplied as it were by usury the seeds committed to it, will also restore the entrusted deposit of the race of man."
6. *quae commendata sibi semina usurario quodam faenore multiplicata restituat:* cf. Cic., *De Sen.,* XV., "terra, quae numquam

NOTES

recusat imperium nec umquam sine usura reddit quod accepit, plerumque maiore cum faenore."

8. *quae posito surgunt de semine:* cf. " Pars autem posito surgunt de semine," Verg., *G.* II. 14. Ambrose possesses a rare mastery of the whole classical literature, and he is especially conversant with the writings of Vergil.

15. *Et qui . . . non passus est,* etc.: cf. " Are not you of much more value than they? " — *Matt.* VI. 26.

VII. 2. *Insipiens,* etc.: 1 *Cor.* XV. 36.

7. *illud:* sc. *argumentum.*

11. *iugi:* i.e., *caeli,* ' the clear sky,' from which there is no rain.

13. *in hominibus:* ' in the case of men,' or ' with regard to men.' Cf. Cic., *De Sen.,* VII. 22, " in claris et honoratis viris."

16. *est:* sc. *resurrectio.*

VIII. 4. *quo ita demum veniatur necesse est:* ' And so, finally, by this course of reasoning we must conclude.'

6. *Esto:* ' granted.'

10. *in terram resolvantur:* cf. *Eccles.* III. 20.

IX. 8. *Lazare,* etc.: *John* XI. 43.

12. *Quoniam,* etc.: 1 *Cor.* XV. 52.

14. *metitur:* ' corresponds to,' ' answers.'

X. 2. *ligatus pedes,* etc.: cf. *John* XI. 44.

6. *inseparabili gressu, separabilique progressu:* the truth of Roscommon's couplet,

> 'Tis true, composing is the Nobler Part,
> But good Translation is no easy Art,

will be readily perceived in this line. A literal rendition is quite impossible. His feet were bound, yet he walked, progressing as when the limbs are free. For references to this great miracle as conceived by artists of all the ages, see *Lazarus* in *A Dictionary of Christian Antiquities,* by Smith and Cheetham.

NOTES

XI. 6. *Adulescens*, etc.: *Luke* VII. 14. Cf. V. n. 9, above. See also B. 114, 2, and B. *App.* ¶ 61.

XII. 3. *iacentem . . . gressum,* etc., refer to Lazarus.

XIII. 13. *culpam:* i.e., *peccatum.*

SAINT JEROME (c. 331–420 A.D.)

The glory of the Church in the fourth century is the grand old man Sophronius Eusebius Hieronymus. He was born at Stridon, Pannonia, sometime between 331 and 340. At the age of twenty he was sent to Rome where he was singularly fortunate in receiving instruction from the eminent grammarian Aelius Donatus, whose commentaries on Vergil are a priceless heritage. After his baptism, by Pope Liberius in 360, he was engaged in a period of travel, during which he visited Treves, Aquileia, Thrace, Antioch, and Syria. In 381 his desire to meet the illustrious Gregory of Nazianzus led him to Constantinople. Here he remained long enough to learn from Gregory the science of Scriptural exegesis. At Rome differences regarding the current Latin texts of the Bible moved the reigning pontiff, Damasus, to summon Jerome to his assistance. Jerome was assigned the task of preparing the Biblical text, which later the Church recognized as the Latin Vulgate The dignity and influence of his office as counsellor and confidant of the Pope led to his forming friendships with men and women of distinguished rank and nobility. These in turn occasioned such jealousies, animosities, and malicious insinuations that he was constrained to take his pen, not only to defend his innocence, but to silence his calumniators. On the death of Damasus he withdrew from the public eye, repaired to Bethlehem, and established two monasteries, one for men, the other for women. The former was under his own personal guidance; the latter he entrusted to the pious Paula, a widow, whose spiritual life he had directed while at Rome. It was here that he wrote the most of some hun-

NOTES

dred and twenty letters, nearly all of which excite our interest, not only by their contents, but by the classical form of their language and their purity of style. Jerome died on the thirtieth of September, 420. Our selections comprise parts of two letters: one written to Heliodorus, a young man who had abandoned the monastic life to return to the world; the other addressed to the lady Eustochium on the occasion of her mother's death. Both are revelations of the spiritual charms of the ascetic life, and are sparkling gems in patristic literature. See Migne, *PL.*, XXII. 347–355; ib. XXII. *Ep.* CVIII. 878–906.

I. 2. *in eremo:* the desert of Chalcis, some fifty miles southeast of Antioch; *eremus,* ἐρῆμος, a transliteration.

4. *abeuntem:* Heliodorus, after leaving the desert, returned to his home in Aquileia, where he had adopted the family of his widowed sister.

6. *interlitas:* 'blotted.'

7. *rogantis:* 'comforting' Heliodorus and 'urging' him to remain.

8. *nesciebam:* i.e., Jerome did not realize that his words of comfort would bear such fruit.

9. *quod ardenter volebam:* i.e., that Heliodorus through the charms of solitude might remain in the desert and unite his heart to that of God.

17. *Nudos:* i.e., those detached from the world.

20. *Quaerite,* etc.: *Matt.* VI. 33.

22. *Affatim dives est:* cf. Ambrose, *Hex.,* X. 10, above.

II. 6. *sub pellibus:* 'in camp.' Hides were used as coverings for tents; cf. Caes., *De B. G.,* III. 29, 9; ib. II. 33, 7. — *de caelo tuba ... cum nubibus:* cf. *Apoc.* I. 7–10.

8. *bis acutus gladius:* see *Apoc.* I. 16.

9. *de cubiculo ad aciem:* cf. Tert., *To the Mart.,* III. 4, above.

13. *Qui non est,* etc.: *Luke* XI. 23.

15. *tirocinii:* 'enlistment,' 'noviceship,' 'apprenticeship.'

NOTES

16. *in sacramenti verba:* 'the oath of fealty'; cf. Tert., *To the Mart.*, III. n. 2, above.

17. *matri...patri:* cf. *Luke* XIV. 26.

19. *donativum:* the imperial 'largess'; an allusion to the Roman custom of the emperor's distributing to the soldiers provisions such as bread, oil, salt, wine and, later, money. Cf. Tac., *An.* XIV. 11.

21. *compede:* the 'ties.'

22. *nos per ista:* cf.

> "Myself not ignorant of woe,
> Compassion I have learned to show."
>
> Verg., *A.* I. 630.

25. *parentibus obsequendum:* cf. *Prov.* I. 8.

26. *Mater mea,* etc.: *Luke* VIII. 21.

30. *mortui sepeliant,* etc.: *Matt.* VIII. 22.

III. 3. *Petro relictum rete:* cf. *Matt.* IV. 18–20.

4. *surgentem...publicanum:* cf. *Matt.* IX. 9; *Mark* II. 14; *Luke* V. 27.

5. *Filius...reclinet: Matt.* VIII. 20.

6. *amplas porticus:* cf. Tert., *To the Mart.*, II. n. 45, above; and see Hor., *Odes*, II. 15, 14:

> Nulla decempedis
> metata privatis opacam
> porticus excipiebat Arcton.

7. *tectorum:* synecdoche.—*Hereditatem:* cf. *Matt.* VI. 24.

10. *non...ignarus fluctuum:* litotes, B. 375, 1; A. & G. 326, c; D. 947. Cf. Verg., *A.* I. 630: "Non ignara mali."—*doctus nauta...nuper naufragio eiectus in litus:* cf. Hor., *Odes*, I. 5, 13–16:

> For me, let Neptune's temple-wall declare
> How, safe-escaped, in votive offering,
> My dripping garments own, suspended there,
> Him Ocean-King
>
> GLADSTONE, *The Odes of Horace*, I. 5.

NOTES

13. *Charybdis:* see Smith's *Greek and Roman Antiquities*, or Harper's *Dictionary of Classical Literature and Antiquities*.

17. *Nolite credere:* sc. *mari.*

19. *spiritu:* i.e., *aura.*

IV. 2. *civitate:* i.e., *mundo.*

3. *causa:* ' course of action.'

4. *Si vis*, etc.: *Matt.* XIX. 21.

6. *esse:* for *fore,* or *futurum esse.* In the Fathers the time expressed by the infinitive is not always according to rule. B. 270; A. & G. 584; H. 495; D. 828.

7. *tibi temperasti:* 'thou didst deny thyself.'

9–15. A fruitful passage.

13. *ante:* sc. *Deum.* — *Os autem*, etc.: *Wis.* I. 11.

16. *Qui dicit,* etc.: 1 *John* II. 6.

V. 3. *civitas magni regis:* cf. *Apoc.* XXI. 10–27.

4. *Quid agis frater in saeculo:* cf. Shaks., *Merchant of Venice,* Act I., Sc. 1, 74:

> You have too much respect upon the world:
> They lose it, that do buy it with much care,

and, "Qui odit animam suam in hoc mundo, in vitam aeternam custodit eam."

8. *sarcina...abiecta:* cf. *Wis.* IV. 7; *Philip.* I. 23.

10. *beatos...pauperes:* cf. *Matt.* V. 3; *Luke* VI. 20.

11. *De cibo:* cf. *Matt.* VI. 30–32.

14. *Dominus tecum iacet:* cf. *Matt.* VIII. 20.

20. *iterum lavare:* cf. *John* XIII. 5 ff.

21. *Non sunt,* etc.: *Rom.* VIII. 18.

VI. 1. *Veniet,* etc.: cf. *Isa.* XIII. 9; Lact., *Div. Inst.,* XV. 18. above.

4. *vigilantem:* cf. *Luke* XII. 43. — *pavebit terra:* cf. *Joel* II. 1

8. *cum prole:* Cupid. — *Venus...Iuppiter:* see Classical Dictionaries.

NOTES

9. *stultus Plato:* sarcastic and ironical. Plato was worldly-wise.

14. *hominem Deus:* the juxtaposition is particularly effective. For Jerome's own comment on this letter, see Migne, *PL.*, XII. *Ep.* LII. I, 6 sqq. — *in Aegyptum:* cf. *Matt.* II. 14.

15. *vestitus coccino:* cf. *Matt.* XXVII. 28 ff.

19. *nocte sustulisse:* cf. *Matt.* XXVIII. 13.

21. *et ut his,* etc.: 'And that it may be thy lot to share in those things to come, lay hold of that service whose labor is now hard.' The authenticity of the text is uncertain.

LETTER TO EUSTOCHIUM

Eustochium was the first young lady of patrician rank to be invested with the veil of a virgin. (See Jerome, *Ep.* XXII. *Ad Eustochium de Custodia Virginitatis.*) Her father's name was Toxotius; her mother, Paula, was the pious widow who presided over the convent for women, established in Bethlehem by Jerome, about 389. Paula died in 404, and Jerome, at the request of Eustochium and for her consolation, wrote the inspiring letter from which this selection is taken. See Migne, *PL.*, XXII. *Ep.* CVIII. 878–906.

I. 3. *Paulae:* see Biographical Note on Jerome, above.

6. *Gracchorum:* see Val. Max. IV. 7.

7. *Scipionum:* Val. Max. III. 3. — *Pauli:* i.e., Paulus Aemilius — Val. Max. II.

8. *Martiae Papiriae:* ib. II. 7.

14. *familiae:* i.e., *Domini.*

II. 9. *suos:* sc. *propinquos.*

13. *cuius consolationem:* see *Letter to Eustochium,* Introductory Note, above.

14. *cuditur:* modest, yet picturesque.

III. 1. *vir:* Toxotius, Paula's husband, died about 382.

3. *eius:* i.e., Toxotii.

6. *erogatus: erogare* is normally used in regard to the expen-

[165]

NOTES

diture of money from the 'public treasury'; thence the idea of 'spending' or 'consuming' in general. — *Quid: referam* is understood.

10. *clinicorum:* (κλίνειν) 'to lie down'; hence 'the bedridden,' 'the sick.' — *facultatibus:* by her 'means,' 'resources'; cf. Caes., *De B. G.*, I. 18, 11; ib. VI. 1, 10.

IV. 6. *dissensiones:* rival claims to the episcopal sees of Constantinople, Antioch, and Jerusalem, occasioned the synod at Rome in 382, which was attended by the Western bishops and by Paulinus and Epiphanius from the East. See Jerome, *Ep.* CXXVII. 7.

13. *per momenta:* 'at times,' 'at intervals.'

16. *ad eremum*, etc.: the monasteries of the Nitrian Valley, Egypt, under the supervision of the bishop of Heliopolis, sheltered men of heroic sanctity. Famous among them were Antony, Paul, Pachomius, Serapion, Arsenius, and others. See Butler's *Lives of the Saints*.

V. 1. *hieme:* the winter of 382 and 383.

8. *Toxotius:* besides this son, Paula had four daughters, Blesilla, Paulina, Eustochium, and Ruffina.

9. *Tendebat:* the imperfect tense pictures the scene; here, one of pathos.

10. *obsecrabat:* sc. Paulam.

12. *Nesciebat se matrem:* i.e., she subordinated her mother-love to the love of Christ.

13. *viscera:* the inner parts of the body, either noble or ignoble. Here it means her heart.

19. *plena fides:* her 'pure' or 'perfect faith.'

22. *Sulcabat:* cf. Verg., *A*, V. 158: "Et longa sulcant vada salsa carina."

24. *aversos tenebat oculos:* cf. Verg., *A*. VI. 469: "oculos aversa tenebat."

26. *nulla:* sc. *mater*.

NOTES

VI. 2. *prolixior:* about a thousand lines of the original, intervening between chapters V. and VI. of our selection, have been omitted.

5. *occubitus, -us,* m.: 'a going down,' 'setting'; by transference, 'death' (post-class.). — *Huc usque:* 'hitherto,' 'thus far,' balancing *Nunc* below. Observe the collocation of words in this sentence.

9. *naufragium:* a climax to *labens* in line 7 above. — *Praeceptor,* etc.: *Matt.* VIII. 25.

11. *Exsurge: Ps.* XLIII. 23.

17. *assidere ... tenere,* etc.: historical infinitives. B. 335; A. & G. 463; H. 536, 1; D. 844.

19. *mollia: proleptic,* i.e., she made up the couch so that it 'became soft.' See B. 374, 5; A. & G. 640; H. 636, IV. 3.

21. *mercede:* 'from her service.'

28. *cum bestiis ... una condicio est:* cf. Hor., *Odes,* III. 1, 14–16.

29. *Idem occubitus:* i.e., 'dissolution,' as explained below, is the same for all.

VII. 7. *Domine,* etc.: *Ps.* XXV. 8.

8. *Quam dilecta,* etc.: *Ps.* LXXXIII. 2.

10. *Elegi abiecta esse in domo Dei:* " Id est, tanta est dignitas domus aeternae in caelis ut malim ibi sedere ad ianuam cum ultimis quam 'habitare in tabernaculis peccatorum'; recte vocat Propheta palatia huius mundi, 'tabernacula peccatorum,' quia in domo caelesti nulla invenitur iniquitas, hic autem nemo est qui non peccet." — CORNELIUS A LAPIDE, *Scriptura Sacra, Supplementum,* Tom. II. Compare: " Esteeming the reproach of Christ greater riches than the treasure of the Egyptians. For he looked unto the reward." — ST. PAUL, *To the Hebrews,* XI. 26.

14. *respondit ... sed omnia quieta et tranquilla perspicere:* supreme testimony of the sanctity of this holy soul. Those who live by faith and hope and love, God leads into such a happy state that, even before they quit this life, they catch a glimpse of those things which many prophets and kings desired to see but did not see in this life.

NOTES

23. *inferioris:* i.e., inferior in jurisdiction as compared with the bishops. Deacons and subdeacons also may be understood.

26. *Surge,* etc.: *Cant.* II. 10–11.

29. *Flores,* etc.: *Cant.* II. 12.

30. *Credo,* etc.: *Ps.* XXVI. 13.

VIII. 1. *non ululatus ... ut ... fieri solet:* cf. St. Aug., *Conference with his Mother,* VIII. n. 11, below. And Verg., *A.* VI. 220: *Fit gemitus,* "Loud rings the wail." — CONINGTON.

3. *examina:* (*ex-agmen*) lit., 'swarms,' 'troops' (cf. Verg., *Ecl.* VII, 13); 'the assembled throngs made song of the Psalms in divers tongues.' — *Translataque episcoporum manibus:* the bishops, acting as pall-bearers, dignified the obsequies and lent honor to the deceased. The remains of St. Basil were thus borne "by the hands of holy men." Cf. Greg. Naz., *Orat.,* XLIII. 80.

4. *et cervicem feretro subicientibus:* servants or laborers bore the burden of the bier to the trestles in the church. Cf. Verg., *A.* VI. 222: "Pars ingenti subiere feretro."

5. *alii ... alii,* etc.: the devout solemnity of the funeral cortege, the quiet tread of the aged *pontifices* bearing their *lampadas cereosque,* the choral music of the psalms, the religious reposition in the *spelunca Salvatoris,* and the tears (line 22) of the assembled throngs, seem to recapture some of the inimitable charm of

> Lycidas sunk low, but mounted high,
> Through the dear might of Him that walked the waves;
> But, oh! the heavy change, now thou art gone,
> Now thou art gone and never must return!
> Thee, ... thee the woods and desert caves,
> With wild thyme and the gadding vine o'ergrown,
> And all their echoes, mourn.
>
> MILTON, *Lycidas,* 37 ff.

7. *Tota ... turba:* testimony of the high esteem in which Paula was held.

cellula: the diminutive, suggesting that the monks are those "nihil habentes et omnia possidentes." — 2 *Cor.* VI. 10.

NOTES

13. *Dorcadis:* see *Acts* IX. 39.

15. *nihil pallor mutaverat faciem:* the *nihil* is here used adverbially, 'in no respect,' 'not in the least.' Cf. Shaks., *Romeo and Juliet*, Act. V. Sc. 3:

> Death, that hath sucked the honey of thy breath,
> Hath had no power yet upon thy beauty:
> Thou art not conquered; beauty's ensign yet
> Is crimson in thy lips, and in thy cheeks,
> And death's pale flag is not advancéd there.

17. *non mortuam, sed dormientem:* Cf. *Matt.* IX. 24.

18. *Psalmi ... personabant, non solum triduo, sed per omnem hebdomadam:* lest this seem ridiculous, R. H. Benson observes: "The comment of every age pronounced against the Church is that she is too rationalistic for the sentimental, and too sentimental for the rationalists; she is too ugly for the Greeks, and too beautiful for the Puritans." — *Christ in the Church*, Part IV Chap. II.

23. *ablactata: ablactare,* 'to wean' (post-class.); 'as a child weaned from its nurse.'

IX. 3. *aes alienum:* lit., 'the money of another,' 'another's property'; hence, in reference to the one having it, 'the sum owed,' 'debt.' Cf. Cic., *In Cat.* II. 9.

5. *abicere:* cf. St. Ambrose, *Hex.* XIII. n. 11, above.

9. *corbonam:* a Hebrew word, a 'treasury.' Cf. *Matt.* XXVII. 6; *Mark* XII. 41.

10. *dona pendentia:* an allusion to the Roman custom of suspending (*pendere*) 'votive' offerings in the temples or sacred places. Cf. Hor., *Odes,* I. 5, 13; Verg., *A.* I. 248; *Ecl.* VII. 24.

12. *Quae nec oculus,* etc.: a text not always accurately quoted. In *Isaias,* LXIV. 4, we read, "A saeculo non audierunt, neque auribus perceperunt, oculus non vidit, Deus absque te, quae praeparasti exspectantibus te"; and in 1 *Cor.* II. 9, "Quod oculus non vidit, nec auris audivit, nec in cor hominis ascendit, quae praeparavit Deus iis qui diligunt illum."

NOTES

X. 4. *confessione:* sc. *fidei.*

8. *Fratruelis:* (late Latin) analogous with *patruelis,* i.e., the son of a father's brother. See *Cant.* V. 10.

11. *Exi,* etc.: *Gen.* XII. 1; *Acts* VII. 3.

13. *Fugite,* etc.: *Jer.* LI. 6; ib. XLVIII. 6.

16. *ollas Aegypti:* cf. *Exod.* XVI. 3. — *virulentias carnium:* 'the odors of the meats.'

19. *Populus tuus,* etc.: *Ruth* I. 16.

XI. 1. *lucubratiunculas:* the diminutive of *lucubratio,* a working by lamp-light'; here with *duas,* 'the watches of two nights,' 'two sittings.'

5. *cecidit manus, sensus elanguit:* note the order of words. Enervated by grief, 'his hand fell'; cf. Verg., *A.* VI. 33: "Bis patriae cecidere manus."

6. *inculta oratio:* waiving the author's modesty, verify the phrase in the text.

8. *cultoris tui:* 'of thy client,' i.e., of him who pays respect, honor, or veneration to thee.

10. *praesens:* i.e., with Him in the Kingdom of God. — *Exegi,* etc.: Hor., *Odes,* III. 30, 1.

12. *elogium:* the epitaph on the sepulchre reads as follows:

> In this Sepulchre reposes a Matron,
> Of the learned Scipio a direct branch:
> A descendant of the Gracchi and the Aemilii,
> And of the illustrious blood of Agamemnon;
> Paula is she named, Saint and worthy Mother
> Of Eustochium, a pure virgin. In former times
> The principal and first Lady in Rome, the *Great.*
> Later she followed Christ in His poverty,
> And in Bethlehem, the *Little,*
> She made her dwelling place.

And on the door of the Cave of the Saviour Jerome placed the following inscription:

> Dost thou behold the humble grave on this
> Cliff? Within lies the body of Paula,

NOTES

> But her soul dwells amid celestial wealth.
> She left parents and country, brothers, children,
> And in the Cave of Bethlehem reposes,
> Wherein Christ's humble manger stood,
> And Wise Men gave gifts to God and Man.

For the original, see Migne, *PL.*, XXII. 906.

SAINT LEO THE GREAT (c. 400–461 A.D.)

The exact place and date of the birth of Leo the Great are not known. Born probably at Rome, about 400, he is found exerting great influence as a deacon in the pontificates of Celestine I (422–432) and Sixtus III (432–449). On the death of the latter he ascended the throne of Peter, and at once his earnest solicitude as chief shepherd of Christ's flock began to make itself felt. From his pen flowed vigorous expositions of the doctrines of the Church, especially of those that were being assailed by the heretics and unbelievers of his time. The clearness, depth, and precision of his dogmatic judgments on the unity, authority, and infallibility of the Church won for him the title Leo the Great. His works consist chiefly of sermons and letters, in which are combined a dogmatic and a moral teaching. They are remarkable for brevity, dignity of expression, elegance of style, and richness of thought. His Latinity is probably the purest of the fifth century. Leo died on the eleventh of April, 461. Our selections comprise Sermon XII on *Fasting*, and Sermon LXXXII, a eulogy delivered on the martydom of Saints Peter and Paul. In the eulogy Leo apostrophises the Eternal City. See Migne, *PL.*, LIV., 168 and 422.

I. 1. *dilectissimi:* Leo's familiar address. It is found at the beginning of ninety-five of his ninety-six homilies of undisputed authenticity.

2. *exordium:* a word carefully chosen and fittingly complying with *dignitatem* below.

5. *naturalem:* i.e., according to nature and according to grace.

NOTES

11. *tenebras ... luce:* the words are arranged in a striking manner. No other order could have expressed the contrast so emphatically.

12. *ignorantiae:* the result of original sin.

14. *Adducam,* etc.: *Isa.* XLII. 16.

17. *Nos ergo,* etc.: 1 *John* IV. 19.

25. *ea demum firma amicitia est quam morum similitudo sociarit:* the philosophy and the phrase recall Sallust, *Cat.,* XX. 4: "idem velle atque idem nolle, ea demum firma amicitia est." See Shaks., *Merchant of Venice,* III. 4, 11:

> For in companions. . . .
> Whose souls do bear an equal yoke of love
> There must needs be a like proportion
> Of lineaments, of manners, and of spirit.

26. *parilitas:* (post-class.) 'equality,' 'identity,' 'similarity.'
30. *Quoniam,* etc.: *Ps.* XXIX. 6.

II. 1. *Diliges,* etc.: *Matt.* XXII. 37-39.
5. *immarcescibilem:* (post-class.) 'unfading,' 'unchanging.'
6. *subiciat:* cf. St. Jerome, *Let. to Eustoch.,* IX. n. 5, above.
21. *Lycaoniis:* cf. *Acts* XIV. 6.
22. *Qui in praeteritis: Acts* XIV. 15-16.
30. *inimicos diligi:* cf. *Matt.* V. 44.
33. *inserens oleastri:* cf. *Rom.* XI. 17-19.
34. *Ut omne genu,* etc.: *Philip.* II. 10-11. See also Milton, *Paradise Lost,* V. 817:

> That to his only Son, by right endued
> With regal sceptre, every soul in Heaven
> Shall bend the knee, and in that honor due
> Confess Him rightful King.

III. 8. *querela:* see B. *App. to Lat. Gr.* ¶ 61.
9. *Multae messis dominus:* cf. *Luke* XII. 16.
18. *Semper gaudete,* etc.: 1 *Thess.* V. 16-18.

NOTES

28. *parcitate:* (post-class.), 'scarcity,' 'parsimony,' 'sparingness.'

31. *Semper illi...non deficit:* "To him that fails not in good will, means to give are ever supplied."

35. *vasa...complere:* cf. 4 *Kings* IV. 1-4.

36. *aquas...convertere:* cf. *John* II. 9.

37. *de paucissimis...saturare:* cf. *John* VI. 9-13.

38. *Et ille...multiplicare sumendo:* "And He who is fed in His poor, can multiply when He takes what He increased when He gave."

IV. 2. *eleemosyna:* ἐλεημοσύνη, 'alms,' a transliteration.

6. *decimus mensis:* i.e., December. The Romans reckoned March as the beginning of the year. "Atta annum novum voluerunt esse primum mensem Martium et alibi maiores Martium primum habuerunt."— Serv., *Verg. G.* I. 43. See also Leo, Ser. XIX. 2, where the four seasons of the liturgical fast are set forth.

7. *veteris instituti:* besides the Apostolic custom to which reference is here made, there is allusion to the ancient Jewish custom of offering 'choice fruits' of the harvest to God, thus refraining or 'fasting' from their enjoyment.

10. *eleemosynis peccata redimuntur:* the purifying power of almsgiving is a favorite theme with Leo. Cf. Sermons VII, XVIII, and XX.

19. *Quarta igitur,* etc.: the usual close of Leo's sermons on fasting. For his development of this virtue, one should read Sermons XIII. to XX. Migne, *PL.,* LIV. 172-190.

EULOGY ON SAINTS PETER AND PAUL

I. 1. *dilectissimi:* cf. *The Virtue of Fasting,* I. n. 1, above.

5. *festivitas:* June 29. Except in cases of St. John the Baptist and the Conversion of St. Paul, the Church commemorates all her Saints on the anniversary of their death.

11. *per quos...resplenduit:* cf. Tennyson, *To Vergil:*

NOTES

> Now the Rome of slaves hath perished,
> And the Rome of freemen holds her place.

17. *fraterna ... caede:* Tradition says that Romulus slew Remus in a quarrel (Anthon's *Classical Dictionary*); Vergil, however, in order to prefigure the peace of the Augustan age, represents the twins harmoniously laboring for the glory of the city (*A.* I. 292).

19. *gens sancta,* etc.: cf. 1 *Peter* II. 9.

20. *Petri sedem:* Leo's sermons are replete with invaluable testimonies to the papal primacy, its divine establishment, and its plenitude of authority. See Sermon III. 4; IV. 2; II. 2, etc.

22. *Quamvis ... protuleris:* see Verg., *A.* VI. 851–853.

II. 8. *aequale sibi atque coaeternum:* Leo is thinking of the Nestorians, who maintained a twofold personality in Christ, and the Monophysites, who denied His dual nature. See Biographical Note.

24. *Unde quantum,* etc.: note the symmetry of the sentence.

III. 2. *locutione linguarum:* cf. *Acts* II. 4.

11. *hic ... hic ... hic:* anaphora.

IV. 3. *aliarum ... ecclesiarum ordinationibus:* see *Acts* XVIII. and XIX.

7. *cum ... gradereris:* cf. *Matt.* XIV. 29.

8. *in Caiphae domo:* cf. *John* XVIII. 14; ib. XI. 49; *Matt.* XXVI. 69–70.

9. *iudicio Pilati:* cf. *Matt.* XXVII. 13 ff.

16. *trinae interrogationis: John* XXI. 15–17.

V. 1. *tot ... tot:* cf. III. n. 11 above.

2. *charismatum:* of graces; ˙χάρισμα, transliteration.

3. *ex circumcisione:* cf. *Acts* XI, 2.

4. *ubi primum Christiani nominis dignitas est orta:* cf. *Acts* XI. 26, and "There can be little doubt ... that the name 'Christian'—so curiously hybrid, yet so richly expressive—was a

NOTES

nickname due to the wit of the Antiochenes, which exercised itself quite fearlessly even on the Roman Emperors. They were not afraid to affix nicknames to Caracalla, and to call Julian Cecrops and Victimarius, with keen satire of his beard. It is clear that the sacred writers avoided the name, because it was employed by their enemies, and by them mingled with terms of the vilest opprobrium. It only became familiar when the virtues of Christians had shed lustre upon it, and when alike in its true form, and in the ignorant mispronunciation 'Chrestians,' it readily lent itself to valuable allegorical meanings." — FARRAR, *Early Days of Christianity*, p. 40, note.

VI. 1. *vas electionis:* cf. *Acts* IX. 15.
5. *laborabat:* 'suffered,' 'was jeopardised.'
12. *Pretiosa*, etc.: *Ps.* CXV. 15.
15. *Non ... augetur:* the idea expressed is a theme frequently developed by the Fathers: cf. Lact., *Div. Inst.* XIV. above.

VII. 8. *caput est Christus:* cf. *Eph.* I. 22.
12. *aequales:* their 'equality' pertained to apostleship and martyrdom, not to primacy.

SAINT BERNARD (1091–1153 A.D.)

Born in 1091 at Fontaine, Burgundy, Bernard, at the age of twenty-three, decided to dedicate his life to God in the cloister. The monastery of Citeaux, founded by Saint Robert, willingly received him, and two years later he was sent to preside as Abbot of Clairvaux, the first offspring of the great religious Congregation of Cistercians. Attracted by the Saint's piety and personality, young men were soon found crowding the halls of the monastery, which gave to the Church within Bernard's life one Pope, six Cardinals, and some thirty bishops. The wounds of the schism occasioned by the rival claims of Innocent II and Victor were healed by the influence of the great Abbot, and his judgments in

NOTES

the Council of Sens, 1140, where he secured the condemnation of the famous Abelard, won for him the esteem and confidence of the bishops, the nobles, and the peoples of the world. During his lifetime he founded 160 monasteries in various parts of Western Europe, and wrought so many miracles and wonders that he became commonly known as *The Thaumaturgus of the West*. Bernard died on the twentieth of August, 1153. Various tracts, treatises, and sermons, revealing a profound knowledge of the Scriptures, have been left us from his pen, as well as some 482 letters, disclosing the spirit of a man such as had not been since the days of Ambrose. Humility was his salient virtue. His peerless devotion to the Mother of God will lend inspiration till the end of time. His Latin style is wanting in the grace of the Augustan age, " but," says a modern writer, " it has a beauty of its own, as well as a certain powerful swing," and " its sentences move, not infrequently, like the tread of cohorts, while particular words sparkle and shine as with the gleam of helmet and ensign." Theophilus Reynauld styled him the *Doctor Mellifluus*, and as sanctity, learning, and antiquity unite in his distinction, he has been called the last of the Fathers, though not unequal to the first. It is through deference to the inimitable Augustine that we place him here, interrupting the chronological sequence of our selections. Migne, *PL.*, CLXXXIII; *In Cant.*, XXXIV. 1; XXXVII. 7; XLVII. 7; LXXXVI. 1; XLVIII. 2; *De Diversis*, XLII. 5–7; ib. XCIX; *De Laudibus Virginis Matris*, II. 17.

I. 4. *Si inveni*, etc.: *Exod.* XXXIII. 13–23.

10. *ausi sunt: petere*, understood. — *per quem fuerat ascendentem:* cf. *Matt.* XX. 20–23.

15. *qui provehendus ... mereatur:* ' he who is to receive them is humbled by reproof, that he may deserve them by humility.'

16. *humilio, -are*, ' to humble,' ' abase ' (post-Aug.).

19. *sicut ante ruinam*, etc.: cf. *Prov.* XVI. 18.

21. *Deum ... dare*: Jas. IV. 6.

NOTES

II. 2. *superliminare, -is*, n.: 'a lintel' (post-Aug.).

3. *bassus, -a, -um:* 'low' (late Latin).

19. *mutatione dexterae Excelsi:* "by an exertion of the power of the Most High."

22. *voluit:* sc. *Deus.* — *Recumbe*, etc.: *Luke* XIV. 10.

III. 3. *addit:* sc. *Deus.*

4. *futurae exaltationis:* each word of the Scriptures had for Bernard a mystic meaning, the seeking and setting forth of which was for him a passion and a joy. Cf. "Putem ego de ore sancti Evangelistae superfluum diffluere verbum, praesertim in sacra historia Verbi?" — *De Laudibus Virginis Matris*, I. 1. See *De Diversis*, XCI. 3, where humility is likened to "the Auroral morning light, which finishes the night and ushers in the day, vanquishes the shadows and announces the splendor."

5. *huius eminentia floris:* it has not been determined with certainty just what flower is here meant. It is possibly the martagon lily (*Lilium martagon, L.*), a European species ranging between thirty and sixty centimeters in height and producing purplish-red blooms. "Lilium foliis ovato-lanceolatis subquinque-nerviis, floribus reflexis, corollis revoltis." — DE LAMARCK in *Encyclopédie Méthodique*, Tom. III. p. 515.

6. *Omnis vallis*, etc.: *Isa.* XL. 4.

9. *Iustus germinabit: Osee* XIV. 5.

13. *Sine*, etc.: *Matt.* III. 15.

IV. 13. *Virga disciplinae est illi:* 'It is a rod of restraint to such a one.'

16. *turpiloquium, -ii*, n.: immodest or obscene speech.

19. *iugiter:* (post-class.) 'continually,' 'unceasingly.'

21. *expunctrix, -icis,* f.: 'one who blots out,' 'destroyer.'

V. 1. *Sicut lilium*, etc.: *Cant.* II. 2.

7. *Confidite*, etc.: *John* XVI. 33.

10. *non turbetur cor*, etc.: *John* XIV. 1.

NOTES

11. *quia tribulatio*, etc.: *Rom.* V. 3–5.
13. *Considera lilia*, etc.: *Matt.* VI. 28–30.
16. *custodit Dominus:* cf. *Ps.* CXLIV. 20.
29. *benefacere his*, etc.: cf. *Luke* VI. 27.

VI. 7. *cruciandi:* i.e., they must be purified by the merits of the Cross.
9. *gaudio gaudent:* pleonastic.
13. *iuncti fuimus:* cf. Lact., *Div. Inst.*, XV. n. 8, above.

VII. 13. *paenitentia:* for spelling see B. *App. to Lat. Gr.*, ¶ 61, and Scheier, *Roman Pronunciation of Latin*, p. 29.
15. *vide quid in ea fiat:* the student should read Dante, *Purgatorio*.

VIII. 3. *terra...afflictionis...sempiternus horror:* cf. Milton, *Paradise Lost*, I. 65:

> Regions of sorrow, doleful shades, where peace
> And rest can never dwell, hope never comes
> That comes to all, but torture without end
> Still urges, and a fiery deluge, fed
> With ever-burning sulphur unconsumed.

8. *innodatio, -onis*, f.: (*in-nodo*, post-class.), a 'fastening,' 'knotting,' 'entanglement.'
11. *Quomodo cecidisti*, etc.: *Isa.* XIV. 12.—*Omnis lapis*, etc.: *Ezech.* XXVIII. 13.
12. *subter te*, etc.: *Isa.* XIV. 11.
16. *paratus est ille ignis*, etc.: *Matt.* XXV. 41.
20. *percurre mentalibus oculis:* consult Dante, *Inferno*.

IX. 5. *Sanctus*, etc.: *Isa.* VI. 3.
12. *ubi sunt mirabilia opera eius:* cf. Milton, *Par. Lost*, VII. 66:

> For Heaven
> Is as the Book of God before thee set,
> Wherein to read His wondrous works.

NOTES

22. *gloriam, laetitiam:* note the force of the juxtaposition. — *Curre igitur:* read Dante, *Paradiso*.

27. *Beati*, etc.: *Ps.* LXXXIII, 5.

34. *Domine*, etc.: *Matt.* XXV. 20–21.

X. 6. *Beati pauperes*, etc.: *Matt.* V. 3.

10. *Facite*, etc.: *Luke* XVI. 9.

25. *Si tetigero*, etc.: *Mark* V. 28.

30. *Compelle*, etc.: *Luke* XIV. 23.

XI. 6. *absque sui laesione:* i.e., ' remaining a virgin.'

11. *perlustrans:* observe the force of the prepositional prefix.

12. *mentes*, ' souls.'

14. *hoc mare:* i.e., *mundum*.

15. *O quisquis:* ' O thou, whosoever thou art.'

26. *iudicii:* sc. *venturi*.

32. *devio, -are*, (for *de via declinare*, late Latin), ' to turn aside,' ' deviate.'

36. *Et nomen*, etc.: *Luke* I. 27.

SAINT AUGUSTINE (354–430 A.D.)

The incomparable genius in the history of the Church is Aurelius Augustine. From his birth at Tagaste, in 354, to his death at Hippo, in 430, he was so intensely alive that even now it is hard to think of him as dead. The paganism of his father Patricius, and the heroic Christian virtue of his mother, Monica, seem to have battled for thirty years in his blood for supremacy. In answer to his mother's prayers, however, Augustine was baptized, in 387. The waywardness of his youth is known. In his early manhood he became a teacher of rhetoric at Carthage, and later pursued the same profession at Rome and at Milan. Having secured a small estate at Cassiciacum, a villa not far from Milan, he lived there a short time. He then decided to return to his native land, and accordingly embarked with his mother, who died at

NOTES

Ostia, midway on the journey. Three years after his return, he was ordained to the priesthood, and a little later was made bishop of Hippo. The pernicious heresies that disquieted the peace of the Church stirred the soul of the great shepherd, and he dismantled in succession the errors of the Manichaeans, the Donatists, the Arians, and the Pelagians. His exposition and defense of the teachings of the Church, particularly her doctrines of grace, have won for him the title of "Doctor Gratiae." His voluminous works, apologetic, dogmatic, polemic, exegetic, philosophic, moral, ascetic, and epistolary, all reveal him as a man of the creative power of Tertullian, the zeal of Saint Cyprian, and the brilliance of Plato. "His style is full of life and vigour, but deficient in simplicity, and though he bestows little care on manner of expression, he many a time rises in lofty poetic flight." The student will find his Latinity abounding in antitheses, often involved and difficult to translate. For the selections given see Migne, *P.L.*, XXXII. 773; ib. 1335; ib. XLI. *De Civ.*, 219; *De Mor. Eccl.*, XV; *De Catech. Rud.* XXVII; *De Agone*, XXXIII.

I. 1. *die:* toward the end of July, 387.

2. *tu:* i.e., *Dominus*.

3. *provenerat:* 'it happened,' 'fell out.' — *ut credo, procurante te occultis tuis modis:* "Thyself, as I believe, by Thine own secret ways so ordaining it."

8. *longi itineris:* Augustine and his mother had left their little estate at Cassiciacum (see Biographical Note) and were on their way back to Tagaste. They had stopped at Ostia, at the mouth of the Tiber, for a brief respite, and it was in this interruption of the journey that Monica died.

9. *valde dulciter:* the memories of this 'sweet' conference, as late as the year 400, plunged Augustine into a bitter-sweet sorrow (see *Conf.* IX. 8–17).

10. *praeterita obliviscentes:* cf. *Philip.* III. 13. Augustine had, for nine years before his baptism, professed the doctrines of the Manichaeans.

NOTES

12. *tu es:* cf. n. 2, above.

13. *quam nec oculus*, etc.: 1 *Cor.* II. 9.

15. *qui est apud te:* cf. *Ps.* XXXV. 10.

16. *pro captu:* 'according to our capacity.' — *rem tantam:* 'so great a mystery.'

II. 5. *in idipsum:* cf. *Ps.* IV. 9.
12. *pascis Israel:* cf. *Ps.* LXXX. 17.

III. 6. *quidquid transeundo fit:* lit., 'whatever happens in passing,' i.e., 'whatever is transient.'

7. *si cui sileat omnino...:* 'if (whatever is transient) were absolutely silent to anyone...'; the successive *si*-clauses stand without an apodosis. The idea is, if all the things enumerated were silenced, God Himself would speak, not by them, but by Himself, and the joy experienced by the soul would be as if He should say, "Enter into the joy of thy Lord."

8. *Non ipsa*, etc.: *Ps.* XCIX. 3.

IV. 9. *Christianum Catholicum:* the influences at work to effect the conversion of Augustine were the prayers of his mother, the sermons of Saint Ambrose, the inadequacy of heathenism to satisfy the cravings of his mind, the Epistles of Saint Paul, and his friendships.

V. 4. *defectum animae passa est:* "She fell into a swoon."

7. *fratrem meum:* his name was Navigius. (See Aug., *De Beata Vita*, I. 6).

13. *quod talia saperet:* 'because he savored of such (earthly) things.'

VI. 6. *corpus viri sui:* Patricius, her husband (see Biographical Note), died in 371, shortly after his reception into the Church, and was buried at Tagaste.

VII. 3. *aperuisset:* some texts read *apparuisset*.

NOTES

VIII. 6. *extremum: euphemistic.* Cf. Verg., *A.* I. 219. — *Adeodatus:* (*a-Deo-datus*), the son of Augustine, who was baptized with him by Saint Ambrose on Easter Sunday, 387.

11. *questibus lacrimis:* the Romans used to hire mourners (*praeficae*) to wail dirges (*neniae*) at funerals. Cf. Hor., *C.* II. 20, 21–24. Augustine in his *De Consolatione Mortuorum*, Sermo II., reproves those Christians who in any way imitate them, yet in his *De Civ. Dei*, XIX. 8, he says, "He who will have none of this sadness, must, if possible, have no friendly intercourse...Let him burst with ruthless insensibility the bonds of every human relationship," and he continues, " though the cure is effected all the more easily and rapidly, the better the condition the soul is in, we must not on this account suppose that there is nothing at all to heal." — SCHAFF.

15. *fide non ficta:* cf. 1 *Tim.* I. 5.

IX. 3. *vulnus recens:* cf. Verg., *A.* VI. 450.

X. 2. *Evodius:* a young man and associate of Augustine at Milan. He had at one time been one of the *agentes in rebus* (agents in public affairs), whose duties were to gather in the emperor's tributes, run errands, act as informers, spies, and so forth. Having abandoned this service, he was baptized shortly before Augustine. See *Conf.* IX. 8.

3. *omnis domus:* in apposition with the subject of *respondebamus.* — *Misericordiam*, etc.: *Ps.* C. 1.

4. *Audito...arbitrantibus:* an example of Augustine's involved style. See Biographical Note.

10. *eoque fomento veritatis:* 'by this alleviation of truth.' — *tibi:* i.e., *Domino*.

17. *quid corde premerem:* cf. VIII. n. 11, above.

XI. 3. *sacrificium pretii nostri:* 'the Sacrifice of our Redemption,' i.e., of the Mass.

13. *Deus Creator*, etc : rendered by Parker as follows:

NOTES

> Maker of all, the Lord
>   And Ruler of the height,
> Who, robing day in light, hast poured
>   Soft slumbers o'er the night;
>
> That to our limbs the power
>   Of toil may be renewed,
> And hearts be raised that sink and cower,
>   And sorrows be subdued.

How profoundly the hymns of Saint Ambrose stirred the soul of the great Augustine may be seen from the *Confessions* IX. 6: " Quantum flevi in hymnis et canticis tuis, suave sonantis Ecclesiae tuae vocibus commotus acriter! Voces illae influebant auribus meis, et eliquabatur veritas in cor meum, et exaestuabat inde affectus pietatis, et currebant lacrimae, et bene mihi erat cum eis."

XII. 3. *sancte:* to be taken with *blandam,* 'piously kind,' 'pleasing.'

8. *requievit:* sc. *cor meum.*

XIII. 2. *carnalis affectus:* cf. *Rom.* VIII.
5. *in Adam moritur:* 1 *Cor.* XV. 22.
10. *nullum verbum:* cf. *Matt.* XII. 36.
12. *Si quis,* etc.: *Matt.* V. 22.
19. *Et qui,* etc.: 2 *Cor.* X. 17.

XIV. 6. *te interpellat,* etc.: *Rom.* VIII. 34.
7. *ex corde: Matt.* XVIII. 35.
8. *dimitte illi: Matt.* VI. 12.
9. *per tot annos:* for Monica's age, see VII. 15, above.
11. *ne intres,* etc.: *Ps.* CXLII. 2. — *Superexaltet,* etc.: *Jas.* II.
13. — *misericordibus: Matt.* V. 7.
14. *qui misereberis,* etc.: *Rom.* IX. 15.

XV. 1. *sed voluntaria,* etc.: *Ps.* CXVIII. 108.
7. *memoriam sui:* cf. V. 18, above.
8. *cui . . . servierat:* cf. *Conf.* V. 17.

NOTES

10. *chirographum:* cf. *Col.* II. 14.

12. *nihil ... in illo:* cf. *John* XIV. 30.

15. *Ad cuius pretii,* etc.: "To the Sacrament of which Redemption of ours."

18. *leo et draco:* cf. *Ps.* XC. 13.

XVI. 2. *fructum ... tolerantia: Luke* VIII. 15.

APOSTROPHE TO THE CHURCH

I. 1. *Desinite:* the *De Moribus Ecclesiae,* from which these eight chapters are taken, was written to confute the Manichaeans, to which sect Augustine had belonged. The Manichaeans taught that the body of man was the work of the devil, and that the soul, as partaking of the substance of God, was engaged in an eternal war with the body.

2. *ut diligamus: Matt.* XXII. 37-40.

7. *Ecclesia Catholica:* having pointed out in the first twenty-nine chapters of his treatise that the doctrine of morality is summed up in the love of God and the love of one's neighbor, Augustine apostrophizes the Catholic Church as the one real teacher of this doctrine. The apostrophe is one of the noblest tributes ever bestowed upon the Church and, in point of oratory, unexcelled.

III. 4. *Aculeus enim mortis peccatum,* etc.: 1 *Cor.* XV. 56. Cf. Hor., *Odes,* III. 24, 24:

> Et peccare nefas aut pretium est mori,

which Martin renders,

> To fall is there a crime, and there the guerdon death.

IV. 1. *quos ... commemoravi:* in the text of a chapter omitted between III and IV of our selection, Augustine has just alluded to the Anchorites and Coenobites of Palestine and Egypt

V. 12. *et vereor ... addendum putauero:* 'and I fear that I

NOTES

should seem to think such a system (*institutum*) unlikely to gain acceptance from its mere description, if I thought it necessary to add rhetorical embellishment to the simple narrative.'

14. *cothurnum:* the ancient 'hunting-boot' (Verg., *A.* I. 337), or the 'buskin' worn by the actors in tragedy (Hor., *S.* I. 5, 64) to lend dignity to their appearance. Metaphorically, an elevated style. See Verg., *Ecl.* VIII. 10; Hor., *Odes*, II. 1, 12.

17. *zizania, -orum*, n., (ζιζάνια) 'darnel,' 'cockle,' 'tares.'

VII. 11. *Orientis more:* cf. St. Jerome, *Let. to Hel.*, I. n. 2, above.

VIII. 11. *sirenas:* 'sirens of superstition'; they 'tempt,' "seduce,' and 'lead' men from their goal, as the sirens tempted Odysseus and his companions. Cf. Verg., *A.* V. 864; Hor., *S.* II. 3, 14; *Ep.* I. 2, 23.

OUR GOD

1. The *De Civitate Dei* is, with the *Confessions*, the most famous of Augustine's works. Its twenty-two books are divided into two parts: the first, comprising the first ten books, is a refutation of the pagan belief that polytheism was a necessary condition to earthly happiness; the second part treats of the Kingdom of God and the kingdom of this world. The seventh book of the first part, from which these three chapters are taken, is directed against the Neo-platonist teaching, that the worship of the pagan gods was necessary for eternal life. Though the *Confessions* is the most extensively read of all Augustine's works, the *De Civitate* receives the highest praise.

II. 6. *sermonis facultatem:* cf. Hor., *Odes*, I. 10, where Mercury is worshipped as the god who has endowed man with speech.

19. *eius:* sc. *terrae*.

III. 5. *quamquam ... contenderint:* cf. *Conference with his Mother*, X. n. 3, above.

NOTES

V. 1. *Tu:* addressed to *Brother Deogratias,* a deacon at Carthage, for whom was written the treatise *De Rudibus Catechizandis,* from which these chapters are taken.

VI. 17. *quid cras futurus sit qui hodie malus est:* Horace enunciates the same caution in *Ep.* I. 16, 33: "Qui dedit hoc hodie cras, si volet auferet"; and in *Odes,* II. 10, 17: "Non, si male nunc, et olim sic erit."
22. *tota Lex pendet: Matt.* XXII. 40.

VIII. 18. *Beati,* etc.: *Matt.* V. 8.
19. *Ut in caritate,* etc.: *Eph.* III. 17–19.
25. *iugum Christi lene est,* etc.: cf. *Matt.* XI. 30.

www.ingramcontent.com/pod-product-compliance
Lightning Source LLC
Chambersburg PA
CBHW051924160426
43198CB00012B/2033